Zander
Von der Leichtigkeit der Religion

Hans Conrad Zander

Von der Leichtigkeit der Religion

Kleine katholische Kalorienkunde
Acht ausgewählte Geschichten

Patmos Verlag Düsseldorf

Die Deutsche Bibliothek – CIP-Einheitsaufnahme
Zander, Hans Conrad:
Von der Leichtigkeit der Religion :
kleine katholische Kalorienkunde ;
acht ausgewählte Geschichten / Hans Conrad Zander. –
1. Aufl. – Düsseldorf : Patmos-Verl., 1999
ISBN 3-491-72413-9

© 1999 Patmos Verlag Düsseldorf
Seiten 32–39 und Seiten 56–64 aus:
Zanderfilets. Kabinettstücke aus der Rumpelkammer der
Geschichte von Hans Conrad Zander,
Kreuz Verlag, Stuttgart 1992, 4. Aufl. 1998.
1. Auflage 1999
Umschlagbild: Borislav Sajtinac
Satz: Fotosatz Froitzheim AG, Bonn
Druck und Bindung: Wiener Verlag, Himberg
ISBN 3-491-72413-9

Inhalt

Vorspiel
Die drei katholischen Archetypen
7

Von der rechten Art, den Glauben zu verlieren
Worin wir Thomas von Aquin wiederentdecken
15

Wie man Freunde gewinnt
Worin wir Antonius in die Wüste folgen
32

Wer den Engel spielen will
Worin wir die 6882-Kalorien-Diät kennenlernen
40

Bruder Franz und Schwester Armut
Worin wir lernen, Vorurteile gegen die Heilige
Inquisition abzubauen
56

Der Computer Unserer Lieben Frau
Worin wir meditieren lernen
65

Wie die heilige Paula den Zölibat erfand
Worin wir den heiligen Hieronymus näher
kennenlernen
74

Wie der heilige Alois ein neuer Mann wurde
Worin wir lernen, alte Männer ins Grab zu bringen
83

Noch reitet der heilige Bernhard
Worin wir lernen, uns unserer Komik nicht
zu schämen
94

Die drei katholischen Archetypen

Gross sind die Ähnlichkeiten zwischen Religion und Theater. Was das katholische Theater betrifft, so fällt auf, dass die Bühne, seit vielen Spielzeiten schon, beherrscht wird von zwei Archetypen: Archetyp M (M wie Meisner) ist katholisch, weil der Strahl gnadenhafter Auserwählung, hoch von oben, ihn getroffen hat. Mit heiligem Ernst tut er, was die Hand, die von oben kam, ihm aufgetragen hat: Er plagt den Archetyp D. Archetyp D (D wie Drewermann) ist nämlich katholisch aus dem Urbedürfnis zu leiden. Was diese beiden Archetypen (M und D) die katholische Bühne gemeinsam beherrschen lässt, ist, etwas anders gesagt, ihre gemeinsame Vorliebe für Religion als Tragödie.

Dieses Buch fällt aus dem tragischen Programm. Mit acht ausgewählten Stücken öffnet es den katholischen Vorhang für einen dritten Archetyp, der zwar ebenfalls uralt ist (alle Archetypen sind uralt), den die beiden andern Archetypen aber in vereinter Anstrengung von der katholischen Bühne verdrängt haben. Das ist der Archetyp Z (Z wie Zander). Dieser Archetyp versteht Religion nicht als Tragödie, sondern als Komödie. Nicht Sendungsbewusstsein bewegt ihn, sondern, im Gegenteil, religiöse Selbstironie. Und statt an der Kirche zu leiden, geniesst er sie, wie Dante, noch in der Hölle, gerade dort sie genossen hat: als Divina Commedia.

Zugegeben, die Tragödie hat in der Religion den gleichen Vorteil wie in der Politik: Sie ist eine Vorstellung, die von Wichtigkeit strotzt. Doch hat sie, eben deshalb, einen eingebauten Nachteil: Die Tragödie endet tragisch. Ihre eigene Schwergewichtigkeit zieht sie abwärts in den Untergang. Die Komödie ist das Gegenteil. Nichts weiter will sie sein als die Kunst, Unwichtiges schwerelos darzustellen. Leicht und frei, fast so, als wäre sie die Religion selbst, strebt die Komödie in den Himmel. Allerdings wissen wir, dass es viel schwieriger ist, in den Himmel zu kommen als in die Hölle. Die leichteste aller Künste ist deshalb zugleich die schwierigste. Doch ihr Lohn ist nicht gering: Die Komödie endet gut. Wo sie gelingt, da endet sie göttlich schön.

Tritt ein religiöser Komödiant auf die katholische Bühne, so ist es seine erste Aufgabe, dafür zu sorgen, dass das Spiel, obwohl von Tragöden begonnen, wenigstens nicht tragisch ende. In diesem Buch ist das der Sinn des ersten Stücks. Es geht darin um die Bewältigung einer Tragik, die der Archetyp M veranstaltet. Er ist ja der Hüter des Glaubens. Ein strenger, bedrohlicher Hüter. Wie kann ein Christ dennoch den Glauben verlieren, ohne dass es ihm nachher schlechter geht als zuvor? Vielleicht sogar besser? Vielleicht sogar göttlich gut?

Nie habe ich die Mühsal, schwerelos zu bleiben, so gespürt wie bei diesem Stück. Soweit es gelungen ist, verdanke ich das dem Umstand, dass ich in meiner wilden Jugendzeit, im Dominikaner-Orden, drei Jahre lang Gelegenheit bekam, nichts anderes zu lesen als die Theologische Summe des heiligen Thomas von Aquin.

Von ihm stammt die These, dass ein Mensch in eben dem Masse gesund ist, wie seine Seele sich an der Wirklichkeit ausrichtet. Das ist der Grund, warum die tragische Vorstellung auf der katholischen Bühne so krankhaft wirkt. Die tragische Wichtigkeit, sei sie vom Archetyp M veranstaltet oder vom Archetyp D erlitten, entspricht nicht der Realität. In der Wirklichkeit der Welt ist unsere Religion unwichtig geworden. Nicht ohne unser Zutun sind im 20. Jahrhundert ein paar Entscheidungen gefallen. Jetzt steht eines fest: Die Zukunft der Menschheit wird nicht katholisch sein.

Wir sind nicht mehr wichtig. In der katholischen Geschichte gibt es eine Truppe von uralten Komödianten, die uns diese neue Rolle prophetisch vorgelebt haben. Das sind die Wüstenväter. Den faszinierendsten von ihnen stellt das zweite Stück vor: Antonius von Ägypten. Er verkörpert eine katholische Religiosität, die weiss, dass sie der Welt nicht wichtig ist, und die sich, dementsprechend, nicht tragisch aufführt. Warum hat Antonius trotzdem, mitten in der Wüste, die gottlose Welt so mächtig angezogen?

Höchst unterhaltsam hat er etwas vorgelebt, was jeden Menschen im Innersten angeht. Das ist die Fähigkeit, allein zu sein. Gerade dafür böte die katholische Tradition eine Reihe von spannenden Modellen. Leicht könnten wir sie anderen weitergeben. Wir müssten uns nur entschliessen, leichtgewichtig zu sein. Statt uns der Menschheit mit katholischen Albträumen so schwer auf die Brust zu hocken wie Alb und Mar. So archetypisch schwer wie M und D.

Einen besonders schlimmen katholischen Albtraum hat das Zweite Vatikanische Konzil in die Welt gesetzt. Das ist der Glaube, die Kirche sei dazu da, die Welt das Modernsein zu lehren. Dazu braucht die Welt die Katholische Kirche aber nicht. Modern sein kann sie selber.

Zum Sinn für die Wirklichkeit — im Sinne des heiligen Thomas von Aquin — gehört just die Erkenntnis, dass die Katholische Kirche nicht jung ist, sondern alt. Sehr alt sogar. Und dass sie der modernen Welt einen Dienst am ehesten erweist, wenn sie, in aller Bescheidenheit, ein paar ganz alte Dinge bewahrt und weitergibt. Zum Beispiel, als Inbegriff einer schwerelosen Religiosität, den Gregorianischen Choral. Oder, als Inbegriff gekonnter Unwichtigkeit, die Mystik der heiligen Theresia von Avila: ›Willst du alles werden, so verlange nichts zu sein‹.

Gar nichts zu sein scheint der herrschenden Klasse katholischer PastoralpädagogInnen der Rosenkranz Unserer Lieben Frau. Im fünften Stück stelle ich ihn vor als die kostbarste Mantra-Meditation, die West und Ost hervorgebracht haben: ›Die Liebe sagt immerzu das gleiche, und doch wiederholt sie sich nie‹.

Auch wenn es noch nicht viele von uns gemerkt haben, so hat unser neuer Stand der Unwichtigkeit doch eine Reihe von Vorteilen. Einer davon ist die Narrenfreiheit. Wir können sie natürlich dazu benützen, um in unserem katholischen Pocket-Theater, immer weiter, Tragödien zu veranstalten (Archetyp M), bzw. zu erleiden (Archetyp D), und uns so, vor ausgewähltem Publikum, die Illusion tragischer Wichtigkeit zu erhalten. Niemand hindert uns daran, wir haben ja Narrenfreiheit. Wir verpassen nur die Chance, im grossen Welttheater bewusst jene Rolle zu übernehmen, die uns ohnehin, ob wir's merken oder nicht, zugefallen ist. Das ist die Narrenrolle. Diese genuin religiöse, aber leichtgewichtige und deshalb schwierige Rolle zu bewältigen, setzt eine Fähigkeit voraus, die bei uns erstorben ist. Das ist die religiöse Selbstironie.

In der Kirche von England hat sie sich, wie so viele katholische Traditionen, besser erhalten als bei uns. Noch sehe ich ihn vor mir, den steinalten anglikanischen Priester, der in aller Frömmigkeit, in aller Bescheidenheit, zu mir sagte: ›Es gibt ein paar Dinge auf Erden, für die sich Gott persönlich interessiert; die Religion gehört nicht dazu‹.

Vorteil der Selbstironie: Wie kaum eine andere Fähigkeit setzt sie Minderheiten instand, den Druck der Mehrheit zu ertragen. Drum waren früher bei uns die Juden Meister der Selbstironie. Drum lachen heute in Amerika die Schwarzen so viel mehr als die Weissen. Auf der religiösen Szene der Moderne werden wir für lange Zeit die Mohren sein.

Erst das letzte Stück, dem heiligen Bernhard gewidmet, wird der religiösen Selbstironie auf den Grund gehen. Doch soviel sei vorweggenommen: Geld, Gaumenlust und Geschlecht sind die drei zeitlosen Themen der religiösen Selbstironie. Das kann nicht anders sein. Geld, Gaumen und Geschlecht sind ja die drei Dinge, die den Menschen im Irdischen verhaften. Der religiöse Mensch will aber wegfliegen in den Himmel. Im Umgang mit dem Geld, mit den Gaumenfreuden und mit der Geschlechtlichkeit wird er notwendig komisch. Deshalb sind dies die drei klassischen Themen der katholischen Komödie. Nacheinander stelle ich sie vor. Zuerst Bruder Franz von Assisi in seiner fast tragischen Zweierbeziehung zu Schwester Armut. Dann, ebenfalls fast tragisch, aber wenigstens wissenschaftlich exakt erforscht, die 6 882-Kalorien-Diät benediktinischer Asketen im Mittelalter. Als faszinierendes Gegenstück zu den Mönchen des heiligen Benedikt schliesslich ein besonders dünner Jesuit. Das ist der heilige Alois. Unter all den mittelalterlichen Schwergewichten katholischer Askese ist dieser »engelgleiche Jüngling« das barocke Fliegengewicht. So schwindsüchtig war er vor lauter Keuschheit, dass manche seinen frühen Tod fast tragisch finden. Aber ist das nicht die eigentliche Definition der Komödie? Komisch ist, was fast tragisch ist.

Der heilige Alois ist heute der Patron männlicher Keuschheit. Beim Gedanken an ihn fällt mir etwas Bedenkliches auf: Die drei Archetypen auf unserer katholischen Bühne haben, in all ihrer dramatischen Gegensätzlichkeit, doch eines gemein. Einen Fehler. M und D und Z sind alle drei männlichen Geschlechts.

Das ist aber nicht so tragisch. Was uns trotzdem, alle drei zusammen, sympathisch erscheinen lässt, ist die empirische Tatsache, dass in unserem religiösen Theater wenigstens das Publikum, in erfreulicher Mehrheit, weiblich ist. Das war so — nachzuschlagen bei Lukas, 8. Kapitel, 3. Vers — von allem Anfang an. Es war so im 4. Jahrhundert um den Kirchenvater Hieronymus, den grossen Prediger der Keuschheit. Besonders auffällig ist das heute so — in all seinem männlichen Leid — um den Archetyp D. Dies aber weiss jeder Theaterkundige: In einem guten Theater hat die wahre Macht das Publikum.

Dass dies ein ausgesprochener Vorzug unseres katholischen Theaters ist, zeigt ein kurzer, angstvoller Blick über den konfessionellen Zaun. Da gibt es nämlich noch ganz andere Archetypen als nur uns. Zum Beispiel die Archetypen der Macho-Serie MMM (Moses, Mohammed, Martin), denen es, im Unterschied zu uns, gelungen ist, die Frauen sogar aus ihrem Publikum zu vertreiben.

Wie erfreulich gross dagegen die Frauenmacht im katholischen Theater ist, zeigt die sechste der für dieses Buch ausgewählten Geschichten: Selbst die Rolle des zölibatären Priesters ist, wie alles Katholische, von einer Frau erfunden worden. Um so trauriger muss es stimmen, dass sich die drei Archetypen M, D und Z heute, auf offener katholischer Bühne, so verbissen streiten, ob der Zölibat

13

abzuschaffen sei oder nicht[1]. Geht der Zölibat uns Männer in der Katholischen Kirche überhaupt etwas an? Was Frauen erfunden haben, das können Frauen doch auch wieder abschaffen. Oder nicht?

Dante wurde einmal gefragt, warum er die Divina Commedia auf italienisch schreibe, nicht auf lateinisch. Er schwieg überrascht. ›Komödien‹, sagte er dann, ›schreibt man, um den Frauen zu gefallen. Und wie soll ich den Frauen gefallen, wenn ich in einer Sprache schreibe, die die Frauen nicht verstehen?‹

›Ce que femme veut, Dieu le veut.‹ Was den Frauen gefällt, das sei in der Katholischen Komödie heute, wie einst, das himmlische Programm.

---

[1] Siehe dazu: Zehn Argumente für den Zölibat. Ein Schwarzbuch von Hans Conrad Zander, Patmos Verlag, Düsseldorf 1999 (5. Auflage).

Von der rechten Art, den Glauben zu verlieren

Worin wir Thomas von Aquin wiederentdecken

Das fahle Licht des italienischen Winters fiel durch das grosse Fenster der Kathedrale von Perugia auf die Dornenkrone Jesu Christi. Der Augustinerpater im Beichtstuhl unter der Reliquie rieb sich vor Kälte die Hände. »Dezember«, sagte er durchs Gitter, »hu wie kalt — und was reden Sie überhaupt für ein komisches Italienisch?« — »Sono Svizzero«, bekannte ich reumütig, »ich bin Schweizer«. »Na so was«, sagte der Beichtiger vergnügt, »deshalb brauchen Sie doch nicht zu mir in den Beichtstuhl zu kommen. Es ist keine Sünde, Schweizer zu sein. Allerdings kann ich mir vorstellen, dass es sehr deprimierend ist.« Und es lachte mich der italienische Priester durchs Gitter seines Beichtstuhls ungeniert aus.

»Padre«, sagte ich ungeduldig, »ich bin nicht zu Ihnen gekommen, um Witze über die Schweizer zu hören. Ich komme zu Ihnen, weil Sie als guter Seelsorger gelten und ich etwas habe, was mich sehr bedrückt. Ich stehe im Begriff, den Glauben zu verlieren.«

Wenn ein Italiener schweigt, dann bedeutet das das gleiche, wie wenn ein Deutscher sehr laut redet. Das heisst: Er meint es ernst. Der Augustiner im Beichtstuhl von Perugia schwieg sehr lange.

Dann fragte er leise: »Wie alt bist du, mein Sohn?«
»25 Jahre«, gab ich zur Antwort. Wiederum schwieg
der italienische Priester. Dann sagte er mit einer
Stimme, die keinerlei Bewegung verriet: »Ich kann
nicht verhindern, dass du den Glauben verlierst.
Ich will aber zur Seligen Jungfrau dafür beten, dass
du den Glauben *auf die rechte Art* verlierst.« Und
er schlug das grosse Kreuz zur Absolution.

Ein halbes Leben ist vergangen seit jener
Begebenheit. Aber noch heute bin ich über
meinen italienischen Beichtvater genauso verär-
gert wie damals nach der Absolution in Perugia.
Das mag tiefsinnig klingen: »Ich will dafür beten,
dass du den Glauben auf die rechte Art verlierst.«
Es ist auch tiefsinnig. Aber mehr ist es leider nicht.
Und mit dem Tiefsinn allein kommt man in der
Religion so wenig weiter wie auf irgendeinem
anderen Lebensgebiet. Hätte der Augustiner etwas
vom Christentum verstanden, dann hätte er fähig
sein müssen, mir ein paar ganz konkrete, praktische Ratschläge zu geben, *wie* man den Glauben
auf die rechte Art verliert.

Es ist ja mit der Religion wie mit jeder anderen
Sache des Lebens auch, wie mit dem Häuserbau-
en, wie mit der Liebe, wie mit dem Reparieren von
Autos: Das alles ist zuerst einmal eine Sache des
praktischen, handwerklichen Könnens. Man kann
zum Beispiel Häuser nicht irgendwie bauen. Sonst
steht das Haus schief. Selbst der Abbruch eines
Hauses will gelernt sein. Sonst werde ich höchst-
wahrscheinlich unter den Trümmern meines Hauses begraben.

Im modernistischen Seeleneifer des Zweiten Vatikanischen Konzils sind Zehntausende von Büchern geschrieben worden, die die moderne Kritik am Christentum widerlegen wollen, indem sie den Menschen der Gegenwart auf psychologisch ganz neue, pädagogisch einfühlsame Art zum Glauben führen. Zu allen diesen Büchern ist nur eines zu sagen: Es gibt eine bestimmte Art, den Gegner zu widerlegen, die dessen These nur bestätigt. Was ich damit meine, hätte Jesus wohl mit einem Gleichnis gesagt:

Ein Gastgeber hatte sein Haus vollgeladen mit Gästen. Als sie sich alle zu Tisch gesetzt hatten, verbreitete sich unter ihnen das Gerücht, sie seien einem Betrug zum Opfer gefallen. Nicht auf ein Gastmahl seien sie geraten, sondern ins Gefängnis.

Als der Gastgeber dies hörte, liess er Religionspädagogen in grosser Zahl kommen, die den Gästen zahllose Vorträge hielten, um zu beweisen, dass dies wirklich ein Gastmahl sei und kein Gefängnis. Diese Vorträge verstärkten aber nur das Unbehagen der Gäste. Der Gastgeber unterliess nämlich das Allereinfachste. Beharrlich unterliess er es, den Gästen zu zeigen, wo die Türe des Hauses war und wo der Lichtschalter, damit sie die Türe des Hauses fänden, ohne im Dunkeln zu stürzen.

Im Ernst: Die gesamte moderne Kritik am christlichen Glauben wäre sofort und ohne jede theologische Anstrengung widerlegt, wenn mit der Verkündung dieses Glaubens zugleich gelehrt

17

würde, wie man ihn auch unbeschadet wieder loswerden kann.

Aber der Glaube ist ja mehr als ein Verwaltungsvorgang und ein Vermerk auf der Lohnsteuerkarte. Er gehört zu den frühesten Geborgenheiten der Kindheit. Deshalb drücken sich die meisten Menschen vor einem klaren Bruch mit der religiösen Überzeugung, auch wenn sie längst von Zweifeln aller Art unterhöhlt ist. Die sogenannte religiöse Lauheit der vielen, über die die Kirchen so bewegt Klage führen, ist gar keine Unfähigkeit zu glauben. Sie ist in Wirklichkeit eine Unfähigkeit, den Glauben zu verlieren. Im Bilde gesagt: Diese Leute wissen alle nicht, wo die Türe des Hauses ist. Ganz zu Recht haben sie Angst, im schlecht beleuchteten Treppenhaus zu stolpern.

In all den Jahrzehnten, die seit meiner Beichte in Perugia vergangen sind, habe ich keinen einzigen Christen gefunden, der mir praktische und konkrete Hinweise geben konnte, wie man seinen Glauben so verliert, dass man nachher ein heiterer, ausgewogener und glücklicher Mensch ist. Im Gegenteil: Wo immer ich mit religiös engagierten Freunden über dieses Thema gesprochen habe, fand ich folgende Meinung: Ein Mensch, der seinen Glauben verliert, müsse ganz fürchterlich mit sich und seinem Gotte ringen. Er müsse, seelisch wenigstens, büssen wie Hiob auf seinem Misthaufen. Er müsse daran leiden wie Albert Camus an der Pest.

Das ist eine schöne Freiheit der Kinder Gottes, von der man sich unter schauderhaften seelischen

Qualen wieder trennen kann. Mir schwebt das genaue Gegenteil vor. Ich möchte heute genau das nachholen, was der Augustiner in Perugia an mir versäumt hat. Als Christ möchte ich zeigen, wie man das Christentum in aller Heiterkeit, Gesundheit und Ausgewogenheit wieder loswerden kann.

Aus der modernen Religionspädagogik stammen diese Ratschläge nicht, natürlich nicht. Ich habe sie bei zwei theologischen Klassikern gefunden: beim heiligen Thomas von Aquin und beim heiligen Johannes vom Kreuz. Dabei gebe ich dem heiligen Thomas den Vorzug, weil seine Ratschläge konkreter und praktischer in den Alltag passen als die viel weiter führenden Gedanken des heiligen Johannes vom Kreuz.

Öffnen wir das klassische Werk des heiligen Thomas von Aquin, die Theologische Summe, in der Prima Secundae, Quaestio 38. Thomas von Aquin setzt sich hier mit der Frage auseinander, wie sich ein Mensch verhalten solle, wenn er einen grossen und schmerzlichen Verlust erleidet. Er erwähnt als Beispiele den Verlust eines geliebten Menschen oder eines Besitztums, an dem man sehr gehangen hat. Nichts hindert uns, sechs Jahrhunderte später und in einer veränderten geistigen Situation, diese Ratschläge auch beim Verlust der religiösen Überzeugung zu beherzigen. Der Verlust des Glaubens ist ja mindestens so schmerzlich wie der Verlust eines lieben Freundes.

Mit dem Glauben verlieren wir die frühesten und tiefsten Empfindungen vom Sinn des Lebens. Wir verlieren das Gefühl letzter und umfassender Geborgenheit. Was tun, um ohne Schaden über einen solchen Verlust hinwegzukommen?

In einem solchen Falle, sagt der heilige Thomas in der Theologischen Summe, sei es ratsam, erst einmal ausgiebig schlafen zu gehen. Wer ausgeruht und ausgeschlafen sei, der verspüre nämlich ein so grosses körperliches Wohlbefinden — »delectatio« —, dass es ihm möglich sein sollte, auch die allergrössten seelischen Schwierigkeiten erfolgreich durchzustehen. Ähnlich wie der heilige Thomas von Aquin sagt übrigens auch der heilige Ambrosius von Mailand: »mentes fessas allevet« — »der Schlaf mache die Last gequälter Seelen leichter«.

Oder um es ganz einfach mit der Bibel zu sagen: »Den Seinen gibt's der Herr im Schlaf.« Das ist keine Redensart. Es ist physisch gemeint. Daher unsere praktische Regel Numero eins:

Regel 1
Im Falle einer religiösen
Lebenskrise gehen wir ausgiebig,
regelmässig und genussreich
schlafen.

Zweiter Rat des heiligen Thomas in der Theologischen Summe: Wer mit einem schweren und schmerzlichen Verlust seelisch fertigwerden muss, der gehe baden. Vom Baden nämlich sagt der heilige Thomas, dass es in besonderem Masse

»delectationem causat et per consequens tristitiam mitigat« — dass es »Lust bereitet und also Depressionen mildert«. Wie beim vorhergehenden Ratschlag kann sich Thomas auch hier auf einen der grössten Kirchenväter stützen, diesmal auf den heiligen Augustinus. Von ihm stammt das Wort, dass das Baden »anxietatem pellet ex animo« — »dass es geeignet ist, Angstzustände aus der Seele zu vertreiben«.

Die antiken Bäder, die Augustinus da im Auge hat, gleichen in erstaunlicher Weise unserem neuen Typ von Spassbädern. Ich selber halte es noch mehr mit den klassischen, asketischen Formen des modernen Schwimmsports. Aber auch die Sauna ist in solchen Lebenslagen sehr zu empfehlen. Daher unsere praktische Regel Numero zwei:

Regel 2
Im Falle einer religiösen
Lebenskrise gehen wir recht häufig
ins Schwimmbad
oder in die Sauna.

Ich weise hier darauf hin, dass der heilige Thomas von Aquin ein italienischer Aristokrat des 13. Jahrhunderts war, also ein Mensch von einer Lebensart, die der unsern weit überlegen war. Daher gibt es Dinge, die er überhaupt nicht erwähnt, weil sie für ihn zu selbstverständlich sind. Dazu gehört das Essen. Es ist selbstverständlich, dass ein Mensch,

21

der unter seelischem Druck steht, erst einmal schauen muss, dass er gut isst. Ebenso wichtig sind die Getränke.

Wörtlich sagt der heilige Thomas von Aquin: »Wenn einer sich so sehr des Weins enthielte, dass seine Gesundheit Schaden nähme, so wäre er nicht frei von Schuld.« Das Auffällige an diesem Satz ist der dreifache Konjunktiv. Der grosse italienische Dominikaner des 13. Jahrhunderts kann es sich offensichtlich gar nicht recht vorstellen, dass ein Mensch derart in den Stand der Sünde fällt, dass er überhaupt keinen Wein mehr trinkt.

Persönlich habe ich in Lebenskrisen die besten Erfahrungen mit Bordeaux-Weinen gemacht, und zwar mit den Lagen Graves und Montagne de Saint-Emilion. Das sind Weine, die herb genug sind, um der Stimmung eines bitteren und verletzten Menschen zu entsprechen, deren Herbheit sich aber nach einer Weile in abgründige Milde löst. In schweren Fällen empfehle ich die Lage Pessac-Léognan, und dort besonders La Mission-Haut-Brion, in sehr schweren Fällen einen Pomerol, nämlich Château L'Evangile. Da aber nicht alle meiner Freunde diese Meinung ganz teilen, beschränke ich mich bei unserer praktischen Regel Numero drei auf eine allgemeine Formulierung. Sie lautet:

Regel 3
Im Falle einer religiösen
Lebenskrise essen wir ausgezeichnet
und trinken ausgesuchte Weine.

Den nächsten Ratschlag des heiligen Thomas gebe ich nur mit einem konfessionellen Vorbehalt wieder. Als besonders wirksames Heilmittel gegen depressive Zustände im Falle eines schweren und schmerzlichen Verlustes empfiehlt der grosse Dominikaner »lacrymae et gemitus — Tränen und Seufzer«. Katholischen Lesern wird dieser Ratschlag von grossem Nutzen sein. Anders ist es mit Menschen evangelischer Erziehung. In der Kindererziehung des protestantischen Bürgerhauses wird ja der körperliche Ausdruck der Trauer, vor allem das Weinen, von früher Kindheit an scharf tabuiert, so dass — nach den Erfahrungen in meinem Verwandtenkreis jedenfalls — protestantische Erwachsene meist unfähig sind zu weinen, ja oft sogar unfähig zu seufzen. Eine Glaubenskrise ist aber nicht der Augenblick, um alles wieder in Ordnung zu bringen, was sich in frühester Kindheit falsch entwickelt hat. So ist es sinnlos, dass eine protestantische Seele sich hilflos bemüht zu weinen, obwohl sie das gar nicht kann. Daher die besondere Formulierung unserer Regel Numero vier:

Regel 4

Im Falle einer religiösen
Lebenskrise überlassen wir uns,
falls wir katholisch
erzogen sind,
dem lösenden Fluss der Tränen.
Falls wir evangelisch
erzogen sind,
versuchen wir wenigstens,
ein bisschen zu seufzen.

Doch so heilsam es sein mag, still im Kämmerlein zu weinen, nach Meinung des heiligen Thomas von Aquin gibt es noch etwas Schöneres und Besseres: gemeinsam mit Freunden weinen. Einem Menschen, der einen schweren und schmerzlichen Verlust erleidet, rät deshalb die Theologische Summe, er möge seine Freunde besuchen gehen, er möge ihnen sein Leid klagen und dann, der heilige Thomas sagt das wörtlich so, ihr Mitleid »geniessen«. Der Ausdruck »geniessen« ist hier überhaupt nicht zynisch gemeint. Thomas von Aquin sagt ausdrücklich, dass es kaum einen Schmerz gebe, der nicht übertroffen wird durch den Genuss, das Vergnügen — wörtlich die »delectatio« —, die darin besteht, aus Anlass dieses Schmerzes die Sympathie seiner Freunde zu erfahren.

Natürlich ist es nötig, in einem solchen Falle seine Freunde etwas auszuwählen. Man meide psychologische Bescheidwisser, die einen mit so grauenhaften Begriffen wie »Trauerarbeit« nur noch tiefer in die Depression stossen. Man gehe vielmehr zu Freunden, die genügend Menschlichkeit und Empfindsamkeit besitzen, um ganz einfach Mitleid zu zeigen.

In diesem Sinne unsere praktische Regel Numero fünf:

Regel 5
Im Falle einer religiösen
Lebenskrise besuchen wir unsere
Freunde, klagen ihnen
unsere Sorgen
und geniessen ihr Mitleid
ungeniert.

Nach den Freunden jetzt die Freundinnen. Der heilige Thomas, ich sagte es schon, hat in einer anderen Zeit gelebt, in der die allgemeine Lebensart etwas höher entwickelt war als heute, und so sind ihm bestimmte Probleme erspart geblieben, die uns das Leben schwer machen. Zu den quälendsten Problemen der Gegenwart zählen aber ohne Zweifel die Folgen der sogenannten sexuellen Emanzipation.

Besonders schlimm sind davon jene Menschen betroffen, die ihren Glauben verlieren. Sie haben ja alle gehört und gelesen, Religion sei eine Sache für sexuell verklemmte Leute. Verständlich, dass sie meinen, sie hätten eine Menge verpasst und müssten das jetzt nachholen. Und so sieht man sie hinter allen möglichen Röcken herlaufen. Und manchmal hinter allen Hosen.

Davor möchte ich dringend warnen. Denn das ist ein Unternehmen, das, soweit ich es beobachten konnte, noch nie gut ausgegangen ist. Woran das liegt, ist mir nicht klar. Vor Jahrzehnten hatte ich Freunde in Portugal, denen es das grösste Vergnügen bereitete, mit mehreren Frauen zu gleicher Zeit befreundet zu sein. Bei uns geht das heute nicht mehr. Ich vermute, dass das an den Frauen liegt, die eben bei uns sehr viel anspruchsvoller geworden sind. Wer sich jedenfalls unter heutigen Lebensbedingungen um mehrere Frauen kümmert, der gerät in Nöte und Strapazen, die fast immer in Magengeschwüren enden.

Deshalb unsere praktische Regel Numero sechs. Ich formuliere sie bewusst aus meiner eigenen, männlich beschränkten Sicht, spreche also von der Frau, weil ich den zwar neutralen, aber dafür auch spröden und unerotischen Begriff »Partner« nicht in den Mund nehmen will. Dann lautet Regel Numero sechs:

Regel 6
Im Falle einer religiösen
Lebenskrise hüten wir uns
vor sexuellen Nöten
und Strapazen.
Wir kümmern uns
um nicht mehr als
eine Frau.

Fassen wir zusammen: Im Anschluss an den heiligen Thomas von Aquin haben wir sechs ganz praktische und konkrete Regeln entwickelt, die uns helfen, den Verlust unseres religiösen Weltbildes auf gesunde und ausgewogene, ja auf heitere Art zu überstehen.

Wir gehen ausgiebig und genussreich schlafen. Wir gehen baden und schwimmen. Wir essen und trinken nach Herzenslaune. Wir überlassen uns dem lösenden Fluss der Tränen, oder wir seufzen doch wenigstens ein bisschen. Wir besuchen unsere Freunde und geniessen ihre Sympathie. Wir hüten uns schliesslich vor sexueller Überanstrengung.

Wer diese sechs praktischen Ratschläge befolgt, wird sich eines hohen Masses an körperlichem und sozialem Wohlbefinden erfreuen. Mit einem Wort: Er ist gesund. Diesen Zustand ausgezeichneter Gesundheit brauchen wir unbedingt, wenn wir zurechtkommen wollen mit unserer siebten und wichtigsten praktischen Regel. Mit ihr verlassen wir die 38. Quaestio in der Prima Secundae der Theologischen Summe des heiligen Thomas von Aquin und versuchen, einen äusserst schwierigen und anspruchsvollen Gedankengang des heiligen Johannes vom Kreuz auf unsere konkrete Situation umzumünzen. Diese unsere siebte Regel lautet:

Regel 7
Wenn wir unsere religiöse
Überzeugung verloren haben,
dann hüten wir uns davor,
sie gleich durch eine
andere Überzeugung zu ersetzen.
Wir versuchen,
wenigstens eine Weile
ohne sie auszukommen.

Es war einmal zu Stalins Zeiten, als die Kommunistische Partei in der Schweiz streng verboten war. Da gelang der Polizei in Zürich ein grosser Coup.

In flagranti verhaftete sie eine kommunistische Zelle, die sich als Strickkränzchen getarnt hatte. Das gesamte Strickzeug wurde polizeilich beschlagnahmt, die strickenden Genossen in Handschellen abgeführt.

In der Schweiz war die Aufregung gross. Freilich, dass Staatsfeinde so pervers sein können, sich als Strickkränzchen zu tarnen, dies regte die Leute viel weniger auf als etwas anderes. In einem kleinen Lande wissen alle, woher bestimmte Namen stammen. Die verhafteten kommunistischen Strickbrüder aber hatten alle Namen aus stockkatholischen Bergdörfern der Innerschweiz. Auf der Suche nach Arbeit waren diese Leute in die gottlose Grossstadt Zürich geraten. Und genauso erlösungsgläubig, wie sie zu Hause in den Bergen jeden Sonntag in der Kirche gesessen hatten, sassen sie in Zürich jede

Woche im kommunistischen Strickkränzchen. Zum Schluss sassen sie im Knast. Woraus man sieht, wie weit es kommen kann, wenn man den Glauben auf die falsche Art verliert.

Es lache niemand über dieses längst zerschlagene schweizerische Strickkränzchen. Deutschland ist zur Stunde nichts anderes als ein immenses Netzwerk — ich würde sagen: ein Knitwork von abertausend ökospiritistischen Strickkränzchen, denen allen eins gemeinsam ist: Die Leute, die sich in dieses esoterische Knitwork verstrickt haben, waren alle, fast alle, einmal gläubige Christen. Der Übergang ist ohnehin fliessend. Wer einmal bei Elisabeth Kübler-Ross im Seelen-Seminar einen Pullover ersteigert hat, der strickt jetzt, viel befreiender noch, nach dem Muster von Eugen Drewermann.

Ich will mich jetzt nicht weiter verstricken in eine Aufzählung des ganzen esoterischen Knitworks. Ich behaupte nur eines: Das unabsehbare Netzwerk der bundesdeutschen Szene ist voll von Leuten, die den christlichen Glauben verloren haben. Aber leider nicht unbedingt auf die richtige Art.

Dabei ist diese Szene nicht das schlechteste. Glück haben zum Beispiel jene, die auf diese Weise aus dem Christentum in den klassischen Buddhismus geraten. Es geht ihnen auf jeden Fall besser als den vielen, die sich aus dem christlichen Glauben ihrer Kindheit in miserable, intellektuell kaum noch formulierbare Trivialdogmen verlieren: etwa, dass es im Leben doch nur aufs

Geld ankomme und aufs Karrierespiel, oder dass im Grunde alles sinnlos sei, oder dass die Schickimicki-Szene des Kölner Kunstmarkts der wahre Zugang sei zur Transzendenz.

Hinter diesen rational kaum noch fassbaren Trivialgläubigkeiten steckt in der Regel ein unterschwelliges Gefühl der religiösen Hilflosigkeit, auch der ratlosen Verbitterung. Es sind Leute, die mit dem Verlust des Glaubens ihrer Kindheit nicht zurechtgekommen sind. Und so geht es ihnen schlimmer als zuvor.

Wir wollen alles dransetzen, dass uns das nicht passiert. Dazu bedarf es jener Gesundheit des Körpers und jener Heiterkeit der Seele, die wir mit den ersten sechs praktischen Regeln zu erreichen suchen. Mehr noch bedarf es jener religiösen Redlichkeit und Tapferkeit, die wir mit unserer siebten Regel umschrieben haben. Simone Weil hat sie vielleicht noch besser ausgedrückt mit dem Satz: »Jeden Glauben abweisen, der die Leerräume ausfüllen, die Bitternisse lindern soll, (. . .) kurz, jene Tröstungen, die man gewöhnlich in der Religion sucht.«

Das ist nicht leicht, aber es ist möglich. Es ist möglich, ohne diese Tröstungen auszukommen und dabei doch jene Heiterkeit und Ausgewogenheit zu wahren, die Meister Eckhart als »gelazzenheit der zêle« bezeichnet hat. Wem das gelingt, der wird ein sehr hohes Mass an innerer Souveränität erreichen. Auch wenn er sich dann dem modischen spirituellen Netzwerk zuwendet, wird er sich in diesem Netz viel wohler fühlen als jene, die den

Zustand der Glaubenslosigkeit nicht vierzehn Tage lang ertragen haben. Vor allem wird er vom Glauben seiner Kindheit ohne Bitterkeit Abschied nehmen, und er wird ihm eine gute Erinnerung bewahren.

Es ist aber auch denkbar, dass er nach einer Weile, wenn er gelernt hat, die Glaubenslosigkeit gelassen zu ertragen, sich wieder mit dem Christentum beschäftigen wird. Vielleicht kommt ihm dann der Gedanke, dass Religion unter Umständen etwas anderes sein kann als eine seelische Krücke, die man sich unter dem Zwang aller möglichen sozialen oder psychologischen Notwendigkeiten unter die Arme klemmt. Dass also ein Glaube denkbar ist, der nicht eine Sache der Notwendigkeit ist, sondern eine Sache der Freiheit.

Für diesen Fall scheint mir ein Gedankengang des heiligen Johannes vom Kreuz sehr interessant. In heutige Begriffe übertragen, vertritt der spanische Karmeliter die Ansicht, dass der Verlust der religiösen Gewissheiten keineswegs eine Art Unfall sei, der einem gläubigen Menschen wenn möglich nicht passieren sollte. Der Verlust jener religiösen Überzeugungen und Empfindungen, die wir soeben mit Simone Weil als die »Tröstungen der Religion« bezeichnet haben, sei vielmehr etwas Gesundes und Notwendiges. Nur ein Mensch, der seine hergebrachten religiösen Gewissheiten verloren habe, sagt der heilige Johannes vom Kreuz, sei fähig zur Begegnung mit dem lebendigen Gott.

Wie man Freunde gewinnt
Worin wir Antonius in die Wüste folgen

Der heilige Antonius der Einsiedler — nicht zu verwechseln mit dem heiligen Antonius von Padua —, Antonius der Einsiedler also hatte viel zu leiden unter der neugierigen Zudringlichkeit der Menschen. Und eines Tages seufzte er: »Mir geht es in meiner Einsiedelei wie einem ganz gewöhnlichen Familienvater in seiner Wohnung: Ich bin immer der letzte, der erfährt, was in meinen eigenen vier Wänden los ist.«

Antonius der Einsiedler, auch Antonius von Ägypten genannt, ist im Jahre 251 in Kome bei Theben geboren. Aber das Datum ist gleichgültig. Es gehört zum guten Geschmack in der katholischen Kirche, das Geburtsdatum eines Heiligen nicht zu erwähnen. Die Geschichte eines Menschen beginnt ja nicht mit seiner Geburt. Erst in dem Augenblick wird das Leben eines Menschen zur Geschichte, in dem er beschliesst, aus seinem Leben etwas zu machen.

Das tut Antonius im Alter von fünfunddreissig Jahren. Er ist zu diesem Zeitpunkt ein erfolgreicher ägyptischer Geschäftsmann, spezialisiert in der Produktion und im Vertrieb von landwirtschaftlichen Qualitätsprodukten. Aber Gott weiss warum: Seine berufliche Karriere hängt ihm zum Hals heraus. Er ist auch sonst ein erfolgreicher Mann der gehobenen Gesellschaft. Aber Gott weiss warum: Auch in den Schlafzimmern der Frauen beschäftigt Antonius nur ein Gedanke: »Wie komme ich hier wieder raus?«

Aus dem Überdruss, den wir alle empfinden, zieht Antonius als einziger Konsequenzen. Im Alter von fünfunddreissig Jahren, so berichtet Athanasius, lässt er alles stehen und liegen, zieht hinaus in die Wüste und ernährt sich von Heuschrecken und wildem Honig.

Das klingt furchterregender, als es ist. Einmal sind Heuschrecken und wilder Honig die köstlichsten Delikatessen des Orients. Zum andern ist Ägypten im 3. Jahrhundert ein ganz anderes Land als heute. Kein übervölkertes Armenhaus ist das, sondern der intellektuelle und wirtschaftliche Mittelpunkt der Welt. Und ein Land voller Weite. Nur ein paar Kilometer zieht Antonius hinaus vor seine Vaterstadt El-Wasta am mittleren Nil. In einem kleinen Felsental lässt er sich nieder. Eine Quelle ist da und ein herrenloser Dattelhain, reich genug, um einen ganzen Beduinenstamm zu ernähren. Das Klima ist wunderbar: die Nächte frisch, die Tage wolkenlos. Da sitzt Antonius unter seinen Palmen, streckt die Füsse genüsslich vor sich hin, betrachtet seine Zehen und fängt mit einemmal wie ein Kind an zu lachen: »Zum Teufel mit der Karriere und dem Sex! Warum bin ich nicht früher auf die Idee gekommen?«

Wie lange hat der heilige Antonius so in seinem Dattelhain bei El-Wasta gesessen und seine Füsse betrachtet? Nur ein paar Wochen lang. Dann haben seine alten Freunde herausgefunden, wo er steckt. Und seine Freundinnen. Ein langer Zug von Dromedaren setzt sich zum Felsental hin in Bewegung. Alle wollen wissen, was los ist mit dem heiligen Antonius. Und was ihm fehlt.

Und dann geht die Sensation wie ein Lauffeuer durchs ganze Niltal: In einem Dattelwäldchen bei El-Wasta sitzt einer ganz allein. Und es fehlt ihm überhaupt nichts. Im Gegenteil: Er geniesst die göttliche Ruhe. Und er ist glücklich.

Aus einer zufälligen Bemerkung des Hieronymus in seiner Biographie des heiligen Hilarion von Gaza ist zu erfahren, dass bald danach schon in den Dörfern um die Einsiedelei des heiligen Antonius der Verleih von Dromedaren schwunghaft anstieg. Unzählige Menschen aus Theben, aus Alexandrien, ja aus dem fernen Griechenland kommen herbeigeritten, um die Sensation zu erleben: einen Menschen, der fähig ist, einsam zu sein. Und dann, von einem Tag auf den anderen, bricht die ganze Touristenindustrie um die Einsiedelei bei El-Wasta in sich zusammen. Denn dem heiligen Antonius ist es zuviel geworden. Und er ist spurlos verschwunden.

Auf jenen grossen Fresken des Mittelalters, die das Leben des heiligen Antonius schildern, ist jetzt zu sehen, wie der Heilige in einen Sarg flieht und den Deckel über sich sorgfältig schliesst. Das ist nichts als frommer Unsinn. Gewiss heisst es in einer mittelalterlichen Übersetzung der alten griechischen Antonius-Biographie des Evagrius: »Ad sepulcra secessit — er hat sich zu den Gräbern zurückgezogen.« Aber das sind nicht unsere heutigen Sarggräber. In der Nähe von Theben gibt es heute noch ein Gebirge zu sehen, das sich von ferne ausnimmt wie eine riesige Bienenwabe: Der ganze Berg ist durchlöchert mit zahllosen Felswohnungen. Das sind alte Felsenfriedhöfe aus pharaonischer Zeit, und entsprechend den altägyptischen Vorstellungen vom Leben nach dem Tod ist jedes Felsengrab für sich eine geräumige Wohnung mit mehreren Zimmern.

Herrlich kühl und trocken ist es hier. Glücklich streckt der Heilige seine Füsse aus. Er geniesst die göttliche Ruhe. Und ernährt sich von Heuschrecken und wildem Honig.

Da! Was ist das? Über seine Füsse hinweg blickt der heilige Antonius scharf hinaus in die Wüste: Am Horizont sind ein paar Punkte aufgetaucht. Die Punkte bewegen sich, sie werden grösser. Kein Zweifel: Es ist eine ganze Karawane von Dromedaren aus El-Wasta. »Heiliger Strohsack«, seufzt der heilige Antonius, »ich bin entdeckt. Jetzt fängt der ganze Rummel von vorne an.«

Es wird aber diesmal ein ganz anderer Rummel als in der ersten Einsiedelei. Inzwischen nämlich ist der heilige Antonius zum Gesprächsthema Nummer eins in Alexandrien geworden. Diese ägyptische Stadt am Mittelmeer ist im 3. und 4. Jahrhundert der geistige Mittelpunkt der Welt. Unter den Studenten in Alexandrien ist gerade die Meditation grosse Mode. Und wie ein Lauffeuer verbreitet sich die Kunde: »Da oben in einer

Felsenhöhle bei Theben sitzt einer ganz allein. Das ist der einzige wahre Meister der Versenkung in sich selbst. Das ist der einzige wahre Meister der Meditation.«

Etwa neuntausend meditationshungrige junge Intellektuelle, so schätzen die Historiker, haben den heiligen Antonius in seinem Felsengrab bei Theben umlagert. Und alle, alle drängen sie sich in seine Einsiedelei, vom frühen Morgen bis zum späten Abend, um von ihm die Kunst zu lernen, sich in sich selber zu versenken. Ganz allein.

Es ist jetzt Zeit für den heiligen Antonius, ein drittes Mal hinauszufliehen in die Wüste. Aber diesmal organisiert er seine Flucht besser. Er weiss jetzt: Ganz allein zu sein, das wird ihm nie gelingen. Er nimmt ein halbes Dutzend Schüler mit, die ihm besonders diskret scheinen. Mit ihnen zieht er eine Woche lang durch die Wüste, bis hin zum Wadi Arabah, schon fast am Roten Meer, zweihundert Kilometer südöstlich von Kairo. In einem Felsental entdeckt er zahlreiche Quellen und einen Dattelhain. Hier lässt er seine Schüler zurück. Er selber steigt weiter durch die Felsen empor bis zur Kuppe des Berges Galala. Hier, in einer sieben Meter tiefen Höhle, lässt er sich nieder. Glücklich streckt er seine Füsse aus. Er geniesst die göttliche Ruhe. Und über seine Zehen hinweg lässt er den Blick schweifen in eine Landschaft von atemberaubender Schönheit.

Unten im Dattelhain sind seine Jünger derweil voll damit beschäftigt, unerwünschte Besucher festzuhalten. Nicht, dass sie die Leute wegschikken. Das wäre unchristlich. Drei Tage und drei Nächte sind die Leute schliesslich vom Niltal her in langen Karawanen bis zur Einsiedelei gezogen. Sie sind erschöpft. Sie brauchen Trost. Sie brauchen Rat. »Gedulden Sie sich doch ein bisschen«, sagen die Jünger, »der heilige Antonius wird gleich kommen.«

Und er kommt wirklich. Jeden Nachmittag steigt Antonius aus seiner Gipfelhöhle hinab in die Oase und gibt Sprechstunde. Von vier Uhr bis Sonnenuntergang.

Er tröstet die Deprimierten, er richtet die Verzweifelten wieder auf, er gibt Ratschläge für die Karriere, er gibt Ratschläge für die Liebe. Und alle, alle hängen sie an seinen Lippen, alle wollen sie teilhaben an der inneren Ruhe dieses Mannes, der die einsame Kunst beherrscht, mit sich selber fertig zu werden.

Neunzig Jahre alt ist der heilige Antonius, als er oben in der Einsamkeit der Felsenhöhle zum erstenmal eine Stimme hört: »Ich bin der Gott Abrahams, Isaaks und Jakobs«, sagt die Stimme. »Ich bin der Gott Jesu Christi. Antonius, nimm deinen Stock und ziehe ein letztes Mal in die Wüste!«

Dies ist einer der grössten Augenblicke in der Geschichte der Religion: Nach dreitägiger Wanderung durch die Berge am Roten Meer steht Antonius vor einer Quelle. Neben der Quelle ein paar Dattelpalmen, darunter eine Hütte. Und vor der Hütte ein Mann, so alt, dass Antonius, der Neunzigjährige, sich wie ein Jüngling vorkommt.

»Wer bist du?« fragt der Alte mit freundlicher Verwunderung. »Ich bin der heilige Antonius.« — »Und ich bin der heilige Paul von Theben. Komm herein, junger Mann. Wir wollen zusammen ein paar Heuschrecken essen und etwas wilden Honig.«

Drei Wochen haben der heilige Antonius und der heilige Paul von Theben zusammen unter den Dattelpalmen am Roten Meer gesessen. Von Zeit zu Zeit lächeln sie einander über die Zehen hinweg freundlich an. Und keiner sagt auch nur ein einziges Wort.

Da, am ersten Tag der vierten Woche, räuspert sich der heilige Antonius: »Was ich die ganze Zeit schon sagen wollte: Ich bin jetzt neunzig Jahre alt. Aber das hätte ich nicht gedacht, in meinem Leben noch einmal einem Menschen zu begegnen, dessen Gesellschaft mir Spass macht.«

Da räuspert sich auch der heilige Paul von Theben: »Was ich die ganze Zeit schon sagen wollte: Ich bin jetzt hundertdreizehn Jahre alt. Und seit neunzig Jahren lebe ich hier ganz allein in der Wüste. Sag mir, Antonius, ist in der Zwischenzeit in der Welt irgend etwas passiert?«

Lange überlegt der heilige Antonius. Dann schüttelt er den Kopf: »Nein. Es ist in der Welt überhaupt nichts passiert, worüber zu reden sich lohnen würde.« Da räuspert sich der heilige Paul von Theben noch einmal: »Sag mir, Antonius, ist irgend etwas los in unserer heiligen katholischen Kirche?«

Und wieder überlegt der heilige Antonius. Dann schüttelt er nochmals den Kopf. »Nein. Es ist absolut nichts los in der katholischen Kirche, worüber zu reden sich lohnen würde.«

Da lacht der heilige Paul von Theben: »Hundertdreizehn Jahre bin ich alt. Und habe nichts verpasst. Ich werde auch nichts mehr verpassen. Komm, ich will sterben. Komm, wir singen zusammen den Psalm ›Quemadmodum desiderat‹.«

»So wie das wilde Tier nach dem Wasser/So dürstet meine Seele nach dem lebendigen Gott.«

Über diesem Vers ist der heilige Paul von Theben gestorben. Antonius hat ihn in aller Ruhe begraben. Dann ist er heimgekehrt in seine eigene Einsiedelei. Noch fünfzehn Jahre lang hat er dort die Betrübten getröstet und die Verzweifelten besänftigt: natürlich immer nur während seiner Sprechstunde, von nachmittags um vier bis Sonnenuntergang. Zuletzt haben ihn zwei Mönche täglich von der Gipfelhöhle herab- und dann nach Sonnenuntergang wieder hinaufgetragen. Dort oben ist er im Jahre 356 im Alter von hundertfünf Jahren gestorben. Seine letzten Worte zu seinen Jüngern waren: »Begrabt mich bitte an einem Ort, den niemand kennt. Ich möchte wenigstens im Grabe endlich meine Ruhe haben.«

Wer den Engel spielen will
Worin wir die 6882-Kalorien-Diät kennenlernen

Vom grössten Mönch und Gottesgelehrten des Mittelalters, vom heiligen Thomas von Aquin, wird berichtet, dass seine Mitbrüder extra für ihn eine nierenförmige Bucht in den klösterlichen Esstisch gehobelt haben. Damit er überhaupt Platz nehmen konnte. So dick war der heilige Thomas von Aquin.

Er nahm das übrigens mit Humor. Wenn seine Mitbrüder ihn hänselten, pflegte er zu sagen: »Schon bei Aristoteles steht geschrieben: Dicke Männer sind intelligenter als dünne.«

Unter diesem Gesichtspunkt kommt den Forschungen des französischen Historikers Michel Rouche besondere Bedeutung zu. Sie beweisen, dass die meisten Mönche des Mittelalters dem heiligen Thomas von Aquin an Intelligenz und an Humor kaum nachstanden. Rouche hat nämlich mit geradezu mönchischem Fleiss alle verfügbaren Dokumente über die klösterlichen Küchen und Keller jener Zeit ausgewertet. Hier sein statistisch exakter Schluss: In der Abtei Saint-Germain-des-Prés vor den Toren von Paris verzehrte im 10. Jahrhundert ein ganz normaler Mönch an einem ganz normalen Wochentag genau 6.882 Kalorien.

Wir wollen das gar nicht erst in Joule umrechnen, sonst wird es noch mehr. Begnügen wir uns

mit dem Hinweis, dass die berühmte Kalorientabelle von Barbara Lüdecke für einen vergleich-
baren modernen Beruf, nämlich für Lehrer, weit
weniger als die Hälfte gestattet: nicht 6.880,
sondern 2.400 Kalorien. Was darüber ist, das ist
vom Bösen. Besonders, wenn man bedenkt, dass
die Menschen im Mittelalter wesentlich kleiner
gewachsen waren als heute.

Gewiss, anderwärts ging es ein bisschen mage-
rer zu als in Saint-Germain-des-Prés. Aber nur ein
bisschen. Nirgendwo in Frankreich sank der
normale tägliche Kalorienverbrauch pro Mönch
unter 4.700. Und es sei gewarnt vor nationalen
Vorurteilen. Zugegeben, französische Mönche
assen besser. Aber alle verfügbaren historischen
Quellen deuten darauf hin: Deutsche Mönche —
auch englische Mönche übrigens — assen mehr.
Wir werden noch sehen, warum.

Und auch dies sei betont: Michel Rouche ist
keineswegs ein übelwollender Antiklerikaler, ein
hämischer Linksintellektueller. Wie wohlwollend
er im Gegenteil seine Rechnung aufgezogen hat,
zeigt der Umstand, dass er nur die Rationen für
einen ganz normalen klösterlichen Wochentag
berechnet hat. Natürlich gab es auch die Fastenzeit, es gab die mageren Freitage. Vor allen Dingen
aber gab es eine Unzahl von Festtagen. Und an
Festtagen wurde in den Klöstern noch viel mehr
gegessen als an normalen Tagen.

So ist denn das Ergebnis der wissenschaftlichen
Diskussion, welche die Forschungen von Michel
Rouche in Frankreich ausgelöst haben, zwar

bestürzend, aber nicht überraschend. Andere französische Historiker, vor allem aber der belgische Soziologe Léo Moulin, haben inzwischen soviel zusätzliches Quellenmaterial zu Tage gefördert, dass zweifelsfrei feststeht: Michel Rouche hat sich verrechnet. Aber nicht nach oben, sondern nach unten. Die Mönche assen und tranken in Wirklichkeit noch viel mehr als nur so zwischen 4.700 und 6.900 Kalorien. Waren es 7.000, 8.000, 9.000 oder gar 10.000 Kalorien? Schauen wir uns die klösterliche Speisekarte mit aller gebotenen wissenschaftlichen Nüchternheit im Detail an.

»Panem nostrum quotidianum. . . Unser tägliches Brot gib uns heute«: Rouche geht davon aus, dass der mittelalterliche Mönch jeden Tag anderthalb bis zwei Kilo Brot ass. Also, nach Barbara Lüdeckes Kalorientabelle, etwa 3.000 Kalorien. Tatsächlich ist erwiesen, dass damals ganz allgemein viel mehr Brot gegessen wurde als heute. Die Kartoffel war ja noch nicht aus Amerika eingeführt. Auch besitzen wir schriftliche Belege dafür, dass zum Beispiel die Abtei Cluny für etwa 300 Mönche täglich 470 Kilo Mehl verbrauchte, was also, auf den ersten Blick, gut anderthalb Kilo Brot pro Mönch ergibt.

Aber halt! Der französische Historiker hat eines übersehen: Aus Mehl kann man nicht nur Brot machen! Die Mönche des Mittelalters waren Meister in der Herstellung von süssem Gebäck: »Frigodolae«, »crispelae«, »refelae«, »cratones«, »fladines«, »bracelli«, »oblatae«, »piperati«, »mellati«, »nebulae« — so hiessen die raffinierten Makro-

nen, Krapfen und Waffeln, Honig- und Pfefferku-
chen. Und wissen wir auch nicht im einzelnen ganz
genau, wie diese Plätzchen geschmeckt haben, so
steht doch dies fest: Sie waren alle unbeschreib-
lich süss und fett. Auf Barbara Lüdeckes Kalorientabelle stünden sie alle viel weiter oben als das
schlichte Brot.

Soll ich jetzt noch lange reden von den er-
lesenen Rezepten für orientalische Süssigkeiten,
die die Mönche im Gefolge der Kreuzritter aus
Damaskus heimbrachten? Soll ich die kleinen
Aniskuchen beschreiben, die Ingwer-Bonbons,
die eingelegten Früchte oder gar die Krapfen mit
Rosenblättern und Blattgold, die der Ruhm der
Karmeliter-Küche waren?

Die grösste Weltfremdheit aber hat sich Michel
Rouche geleistet, als er nur einen täglichen
Verbrauch von 0,6 bis 1,1 Gramm Honig pro
Mönch in seine Rechnung aufnahm. Die Kloster-
brüder waren ja die grossen Bienenzüchter des
Mittelalters. Sie brauchten enorme Mengen Wachs
für die Altarkerzen, und Wachs ist nur ein Neben-
erzeugnis von Honig. Es gab fast nichts, was im
Mittelalter nicht mit Honig gesüsst wurde. So
wissen wir zum Beispiel vom heiligen Ludwig, dass
er während der Fastenzeit zur besonderen Abtö-
tung des Leibes statt Wein Bier trank. Allerdings
fügt der Chronist hinzu, dass Sankt Ludwig das
Bier der Busse mit Honig süsste.

Die feinsten Schleckereien in den Klöstern
waren eine Kombination von Honig und Mandeln.
Als Sankt Franziskus im Kloster zu Assisi im

Sterben lag, hatte er einen letzten Wunsch. Ihn gelüstete nach dem süssen Mandelgebäck der »tartarae«. Das ist eine Todsünde nach Barbara Lüdeckes Kalorientabelle. Eine Todsünde war es auch nach den Gesetzen der katholischen Kirche, wenn eine Nonne ein Männerkloster betrat. Und doch hat niemand es gewagt, dem heiligen Franz seinen letzten Wunsch abzuschlagen: dass nämlich Schwester Jakobine ihm persönlich eine Schale voll Mandelgebäck ans Sterbebett bringe. Denn das wusste der heilige Franziskus ganz genau: Keine buk die Tartarae so süss wie Schwester Jakobine von Settesoli. Ganz ungeniert berichten die frühen Chronisten des Franziskaner-Ordens von dieser Szene. Und ebenso ungeniert feiern sie ein paar Zeilen später den heiligen Franz als »pauperculum et nudum«, als Musterbeispiel freiwilliger Armut und Kasteiung. Waren sie sich des Widerspruchs nicht bewusst?

Nein. Ich bin selber Zeuge gewesen, wie in der südindischen Stadt Bangalore ein Guru seinen neuen Marmortempel einweihte. Nur mit einem Lendenschurz bekleidet, nahm er von seinem Himmelbett herab die Huldigung der Gläubigen entgegen. Über dem Guru an der Wand aber hing ein lebensgrosses Foto. Es zeigte den Göttlichen Meister nicht anders, als wie er vor uns sass: mit jenen enormen Fettwülsten, die ihm nach allen Seiten über den nackten Leib hingen, als wäre er eine Reklamefigur für Autoreifen. Unter dem Foto aber stand auf englisch geschrieben: »Dieses Bild zeigt seine Heiligkeit Shiva Bala Yoghi, wie er durch

12jähriges strengstes Fasten zur vollkommenen Erleuchtung gelangte.«

War sich auch hier niemand des Widerspruchs bewusst? Nein. Alle Gläubigen bestätigten mit grossem Ernst, dass dieser Heilige wirklich seit zwölf Jahren wie ein Übermensch faste; neuerdings habe er sogar die höchste Stufe der Entsagung erreicht: er esse nicht einmal mehr Reis. Dass der Guru derweil auf seinem Himmelbett hemmungslos hineinlangte in einen riesigen Teller voll Marzipan, daran nahm kein Mensch Anstoss.

Denn dies ist des frommen Rätsels Lösung: Sowenig wie der Hinduismus hat auch das Christentum jemals verbindliche Fastenregeln für Süssigkeiten aufgestellt. Die Askese beider Religionen ist ja stark geprägt von der Angst vor der Sexualität. So haben die Theologen des Mittelalters leidenschaftlich darüber disputiert, ob, nebst Fleisch und Eiern, auch Fisch und Milch samt allen Milchprodukten zum klösterlichen Fastengebot gehörten. Allen diesen Lebensmitteln wurde ja nachgesagt, dass sie das Verlangen des Mannes nach dem Weib stärken. Dass aber Makronenplätzchen und Honigwaffeln zur Sünde des Fleisches verleiten könnten, auf diese Idee kam vernünftigerweise niemand.

Später, als Südamerika entdeckt wurde und die spanischen Nonnen dort, um die verschärften Fastengebote des Konzils von Trient zu umgehen, aus einem ungeniessbaren indianischen Getränk unsere heutige Schokolade entwickelten, hat

Papst Pius V. sogar ausdrücklich entschieden: Wer Schokolade schleckt, bricht keinerlei Fastengebote (»non frangit ieiunium«).

Wenn aber selbst eine soviel strengere Zeit wie die Gegenreformation nichts gegen Schokolade einzuwenden hatte, wie hätte da das Mittelalter Gewissensbisse empfinden sollen, wenn etwa in manchen Klöstern, gleich am Aschermittwoch, jedem Mönch ein ganzer Sack mit dreissig Pfund Mandeln ausgeteilt wurde, wenn dann, an jedem Tag der Fastenzeit neu, mitten im Refektorium, im klösterlichen Essaal, ein riesiger Kuchen thronte?

Es ist jetzt leider zu berichten, dass zwar das Fleisch, anders als Gebäck und Süssigkeiten, in den Mönchsregeln des Mittelalters streng verboten war, dass aber selbst diese Vorschrift — die strikteste von allen — fast nirgendwo eingehalten wurde.

Ich wage nicht zu behaupten, dass das an der göttlichen Vorsehung gelegen habe, aber zumindest höhere Gewalt war schon im Spiel. Alle zwei, drei Jahrzehnte brach ja im Mittelalter eine Epidemie aus, und in jeder dieser Epidemien brach regelmässig die klösterliche Disziplin zusammen. Es dauerte dann, vor allem nach den grossen Pestzeiten des späteren Mittelalters, Jahrzehnte, bevor auch nur die elementare Ordnung in den Klöstern wiederhergestellt war.

Das war das eine. Im Vergleich dazu wirkt der zweite Grund lächerlich: Es ist ein winziger Satz in der Regel des heiligen Benedikt. Der grosse Mönchsvater des Abendlandes hat nämlich, als er seine Regel aufstellte, eine ganz banale Lebenserfahrung ausser acht gelassen: Ausnahmen sind aller Laster Anfang.

Gewiss hat der heilige Benedikt in seiner Regel Fleisch streng verboten. Aber er lässt ein fatales Hintertürchen offen: »Für Schwerkranke«, schreibt Benedikt, sei Fleisch erlaubt.

Die Folge war, dass sich in den mittelalterlichen Klöstern niemand so richtig gesund fühlte.

Jeder Mönch wurde ja zwölfmal im Jahr, mancherorts sogar dreissigmal, zur Ader gelassen. Und alle klösterlichen Regelbücher stimmen darin überein:

Wer zur Ader gelassen wurde, hat in den folgenden Tagen als Kranker Anspruch auf Fleisch. Das war die Ausnahme Numero eins.

Ausnahme Numero zwei: Es steht geschrieben im Ersten Buch Moses, dass Gott der Herr das Geflügel nicht am gleichen Tag erschaffen hat wie die Vierbeiner, sondern zusammen mit den Fischen. Enten, Wachteln und Truthähne galten deshalb theologisch als Fisch und fielen überhaupt nicht unter das Fleischverbot des heiligen Benedikt.

Ausnahme Numero drei: An manchen Tagen waren am klösterlichen Tisch Gäste zu bewirten, Männer von Welt, denen man die Entsagungen des heiligen Benedikt nicht zumuten konnte. Daher war es in jenen ritterlichen Zeiten ein selbstverständliches Gebot der Höflichkeit, dass an solchen Tagen die ganze Mönchsgemeinde mit den Gästen zusammen Fleisch ass.

So ging es weiter, aus einer Ausnahme ergab sich auch schon die nächste, bis zum Schluss in der wichtigsten Abtei, in Cluny, der Speisezettel nachweislich so aussah: An allen Tagen, ausser mittwochs und freitags, zweimal Fleisch, und zwar mittags meist Rind, abends Schwein. Und als Vorspeise dazu jeweils Geflügel, Pastete oder Pökelfleisch.

Hätte uns so ein mittelalterlicher Klosterbraten geschmeckt? Mit Sicherheit nicht. Das Fleisch war nämlich völlig zerkocht. Schon die jüngeren Mönche hatten ja, wie die meisten Menschen des Mittelalters, keine Zähne mehr. Deshalb wurde auch, noch vor der Hauptspeise, auf jeden Fall ein »pulmentum« serviert, ein dicker Hafer oder Gerstenbrei, den auch der zahnloseste Jüngling problemlos hinunterschlingen konnte.

Viel raffinierter zubereitet als das Fleisch waren die Fischgerichte. Sie waren der eigentliche Ruhm der mittelalterlichen Klosterküche. Ja es ist nicht übertrieben zu behaupten, dass es den Mönchen durch höchste Verfeinerung der Fischküche gelang, den Sinn dieser Ernährungsregel, nämlich Armut und Verzicht, ins pure Gegenteil zu verkehren. Das zeigt der Vorwurf, den die schöne Heloise ihrem unglücklichen Abälard im Kloster Cluny machte: Er solle doch auf den Luxus des Fisch-Essens verzichten und zur Busse wieder mal mit Fleisch vorlieb nehmen. Als feinster Fisch galt den Mönchen übrigens der Barsch. Flusskrebse dagegen — heute eines der erlesensten und teuersten Gerichte — mochten sie nicht. Kein

Wunder: Flusskrebse galten ja noch bis ins 19. Jahrhundert als Arme-Leute-Essen.

Und die Eier? Hier lesen wir von sechs Eiern täglich für den Abt, von zwölf Eiern täglich für die jüngeren Mönche, dort gar von 30 Eiern pro Tag für jeden Mönch. Spiegeleier, Rühreier, weiche Eier, pochierte Eier, Omeletts — eine süddeutsche Chronik berichtet gar von einem Mönch, der am übermässigen Genuss von Ostereiern gestorben ist.

Was wurde dazu getrunken? Michel Rouche setzt in seine Kalorienrechnung anderthalb Liter Wein ein, pro Tag und pro Mönch. Nur anderthalb Liter? Das wäre gelacht. Inzwischen besitzen wir genauere Zahlen. Im Frankreich des 9. Jahrhunderts waren es nachweislich etwa dreieinhalb Liter pro Tag. Und nach den sehr gewissenhaften Forschungen von Pater Philibert Schmitz trank der normale süddeutsche Mönch im 14. Jahrhundert sogar vier Liter Wein pro Tag. Wie wählerisch die Mönche dabei waren, zeigt eine Bemerkung des heiligen Bernhard von Clairvaux. Er beklagt sich, dass zum Essen drei verschiedene Krüge mit Wein angeboten würden, und dass die Mönche solange an den drei Krügen schnupperten, bis sie herausgefunden hätten, welches die bessere Sorte sei.

Der heilige Bernhard von Clairvaux war zweifellos der einzige, der dabei ein schlechtes Gewissen hatte. Anders als heute galt ja der Wein im Mittelalter als Medizin. So gab auch der heilige Thomas von Aquin eher eine medizinische als eine

49

theologische Lehrmeinung wieder, als er im 13. Jahrhundert wörtlich schrieb: »Wenn einer sich so sehr des Weines enthielte, dass er dadurch an seiner Gesundheit Schaden nähme, so wäre er nicht frei von Schuld.« Man beachte den Konjunktiv: »Wenn einer sich so sehr des Weines enthielte. . .«: Offensichtlich kann sich das der heilige Thomas im Ernst gar nicht vorstellen.

Dabei gab es für den Wein durchaus gewisse Regeln und milde Einschränkungen. Nicht für das Bier. Selbst in den meisten deutschen Klöstern galt Bier als etwas so Gemeines, dass besondere Vorschriften nicht nötig schienen. In der Abtei Trier hiess es zum Beispiel nur, an Fastentagen sei die Mahlzeit statt mit Wein »cum aqua aut cerevisia« zu servieren: »mit Wasser oder Bier«.

Bier oder Wasser — eins wie das andere. Wobei zu beachten ist, dass »aqua« mit »Wasser« gar nicht richtig übersetzt ist. Reines Wasser galt in mittelalterlichen Klöstern als gesundheitsschädlich. Was in den Chroniken als »aqua« bezeichnet wird, war stets verdünnter Fruchtsaft oder Beerensaft.

Wenn es nicht etwas ganz anderes war. Nicht zu Unrecht gilt der Patron Irlands, der heilige Patrick, als Erfinder des Whiskey. Drei von vier grossen irischen Whiskey-Destillerien stehen heute genau dort, wo zuvor eine grosse Abtei stand. Kirschwasser, Mirabellenwasser, Pflümliwasser — fast alle die erlesenen Schnäpse Oberdeutschlands sind klösterlichen Ursprungs. Ein Blick auf Barbara Lüdeckes Kalorientabelle: Auch davon können die Mönche nicht schlank geworden sein.

Ich wollte noch etwas über das Gemüse sagen, über das Grundnahrungsmittel der klösterlichen Küche, nämlich über die dicken Bohnen, und über den Spinat, der erst als Delikatesse galt, wenn er drei Tage auf dem Feuer gestanden hatte. Aber lassen wir das. Es ist Zeit für die Frage aller Fragen: Warum haben diese Männer Gottes, die doch ein so hohes Ideal der Enthaltsamkeit und der Entsagung hatten, warum haben sie — sit venia verbis — so masslos gefressen und gesoffen?

Zwei Dinge kommen da zusammen. Zwei Dinge, die sich in jeder religiösen Fehlentwicklung wiederfinden: ein Ideal, das nicht zur Wirklichkeit passt, und eine Wirklichkeit, die nicht zum Ideal passt.

Das Ideal bekamen die Mönche jede Nacht um Mitternacht zu hören, wenn in der Matutin, wie heute noch, die Lebensgeschichten der grossen Heiligen vorgelesen wurden. Da war die Geschichte vom heiligen Nikolaus von Myra, der schon als Säugling soviel vom Fasten hielt, dass er sich mittwochs und freitags weigerte, die Milch von der Brust der Mutter zu trinken. Da war der heilige Romuald, der täglich nur eine Handvoll Erbsen ass. Da war der heilige Coelestin, für den das Jahr nicht nur eine, sondern sechs Fastenzeiten hatte. Da waren vor allem die grossen Wüstenväter, zum Beispiel Antonius der Einsiedler, der niemals vor Sonnenuntergang etwas ass oder trank, und dann auch nur ein paar Kräuter und einen Becher Wasser.

So sah das Ideal aus. Und jetzt die Wirklichkeit: Ob Mönche oder nicht Mönche, die Menschen des

Mittelalters lebten alle in panischer Angst vor dem Hungertod. Mochte das Wetter schlecht ausfallen, mochte ein Krieg hereinbrechen, schon waren ganze Länder vom Hunger bedroht. Ähnlich wie heute älteren Menschen die Angst vor dem Krebs, so sass damals jung und alt die Angst vor dem Hunger in den Knochen. Im Grunde war es ein gesunder, ein natürlicher Instinkt der Selbsterhaltung, dass der mittelalterliche Mensch immer dann, wenn etwas da war, soviel hinunterschlang wie nur möglich.

Ein zweites kam hinzu: die Angst vor der Kälte. Bis ins 12. Jahrhundert waren die Klöster, von der Küche einmal abgesehen, überhaupt nicht geheizt. Später hatte ein einziger Raum, das »calefactorium«, ein Kaminfeuer. Es gab im Grunde nur einen wirklichen Schutz gegen Kälte: eine möglichst dicke Schicht Fett.

Das ist auch der Grund, warum die deutsche Klosterküche noch fetter war als die französische, warum die dicken Bohnen und das Fleisch bei uns, entgegen dem ausdrücklichen Verbot des heiligen Benedikt, nur so im Schweineschmalz schwammen. Noch war ja Barbara Lüdecke nicht geboren, noch wusste kein Mensch, was Kalorien sind. Aber was frieren heisst, das wussten die deutschen Mönche des Mittelalters sehr wohl.

Natürlich war der gemeine Mann nicht besser als der Mönch. Auch er war besessen von der Gier, sich den Bauch vollzuschlagen. Aber der gemeine Mann konnte sich das nicht leisten. Leisten konnten es sich nur Adel und Klerus. So fanden auch am Hofe von Burgund masslose Fressereien statt, bei denen vier Tage und vier Nächte lang ununterbrochen ein Gang nach dem anderen serviert wurde. Man mag dabei an Karl Marx denken oder an Goethe: Adel und Klerus haben ganze Länder aufgefressen und nicht dabei sich übergessen.

Trotzdem war ein Unterschied zwischen Adel und Klerus. So ein dicker Ritter, der frass einfach fröhlich drauflos. Mit den Mönchen war es ein bisschen anders. Die Geschichte des mittelalterlichen Mönchtums ist durch die Jahrhunderte eine Geschichte des schlechten Gewissens. Sie ist eine Geschichte von oft heroischen Versuchen der Rückkehr zu einem Leben der Selbstbeherrschung und Entsagung. Warum ist soviel guter Wille so oft gescheitert?

Vielleicht ist es wichtig zu wissen, woher das Ideal kam. Es stammte im wesentlichen von den Wüstenvätern, den ersten Einsiedlern und Mönchen im frühchristlichen Ägypten. Anders als heute war Ägypten damals ein reiches Land. Und es hatte ein paradiesisches Klima. Es mochte schon seinen Sinn haben, wenn der heilige Antonius oder der heilige Pachomius Abschied nahmen vom süssen Leben im alten Ägypten, um ein bisschen Busse zu tun und zu fasten. So wie es durchaus menschlich und sinnvoll ist, wenn wir heute ein bisschen fasten.

Im europäischen Mittelalter aber, in einer Zeit der drohenden Hungersnöte und der bitteren Kälte, war dieses Ideal unmenschlich und unchristlich. Schon der heilige Benedikt, ein Italiener der späten Antike, hat vor der Askese als Selbstzweck gewarnt. Hätte Benedikt im Mittelalter nördlich von den Alpen gelebt, er hätte wahrscheinlich seinen Mönchen nicht das Fleischessen, sondern im Gegenteil das Fasten von vornherein verboten und dafür gesorgt, dass sie alle eine zwar bescheidene, aber ausreichende und kräftige Nahrung bekämen.

Aber Benedikt mit seiner christlichen und menschlichen Vernunft war längst tot. Den Ton gab jetzt ein so verstiegener Idealist wie der heilige Bernhard von Clairvaux an, von dem es noch heute im mitternächtlichen Offizium der Mönche heisst: »Quoties sumendus ei cibus erat, toties tormentum se subire putabat — jedesmal, wenn er doch etwas essen musste, war es ihm, als würde er gefoltert.«

So kam es zu dem klassischen psychologischen Teufelskreis aller Suchtkrankheiten. Da knieten die Mönche in der Kirche und sangen voll tiefer, echter Frömmigkeit von Selbstbeherrschung und Entsagung. Ein paar Stunden später aber sassen sie zusammen in der Küche und sangen im besten Küchenlatein: »O beata viscera, nulla sit vobis mora — mögest du niemals darben, seliger Bauch.«

Auf diese Weise hin- und hergerissen zwischen einem unmenschlichen Ideal und einer unmenschlichen Wirklichkeit, wurde die Fresslust der Mönche des Mittelalters zum Gespött für die Welt. Sie wurden zum Exempel für das, was Blaise

Pascal gemeint hat mit dem wahrhaft menschlichen, wahrhaft christlichen Satz: »Qui veut faire l'ange fait la bête — Wer den Engel spielen will, der sinkt herab zum Tier.«

Bruder Franz und Schwester Armut

Worin wir lernen,
Vorurteile gegen die Heilige Inquisition
abzubauen

Gibt es etwas Traurigeres, meine Schwestern und Brüder, als wenn Christen sich streiten um Hab und Gut? Gibt es etwas Beschämenderes als den Hader in der Gemeinde, wenn einer reicher sein will als der andere?

Ja. Schlimmer noch, viel schlimmer wird der Streit, wenn ein Christ *ärmer* sein will als der andere. Wenn keiner mehr dem anderen die Armut gönnen mag. Höret die Geschichte vom grossen »Armutsstreit«, der ein Jahrhundert lang die Christenheit so erschüttert hat, dass sich zum Schluss die Frömmsten gegenseitig qualvoll ums Leben brachten.

Schuld an allem war der heilige Franziskus. Wohl ist der Poverello hoch zu preisen für seine inbrünstige Liebe zur heiligen »Schwester Armut«. Für etwas anderes aber müssen wir Franziskus tadeln.

Als er im Jahr 1209 eine begeisterte Schar gleichgesinnter Brüder um sich sammelte, unterliess er es, in der neuen Gemeinschaft für Ordnung zu sorgen. Statt sich den Kopf zu zerbrechen über so unerquickliche Fragen wie Organisation und Programm, verlor der heilige Franz seine Zeit mit schönen Visionen und Ekstasen.

Wie so ganz anders war da doch der heilige Dominikus. Zu gleicher Zeit wie der heilige Franziskus hat auch er einen Orden gegründet, sogar einen ganz ähnlichen. Doch war der heilige Dominikus klug genug, zu wissen, dass eine Ordensgründung nur gelingt, wenn der Stifter ganz klar, nüchtern und wirklichkeitsnah zu Werke geht. Zu keiner einzigen Vision hat er sich hinreissen lassen, der heilige Dominikus. Mit christlicher Nüchternheit hat er von morgens bis abends nichts als Arbeit zugewiesen, Ämter verteilt, Regeln aufgestellt. So ausgezeichnet organisiert war der Dominikanerorden beim Tode seines Stifters, dass er, frei von inneren Problemen, alsbald im Dienst der Päpste eine Fülle hoher Ämter übernehmen konnte, ja schliesslich sogar das höchste Amt nächst dem Stuhl Petri. Wir nennen es heute die Heilige Glaubenskongregation. Damals nannten wir es noch die Heilige Inquisition.

Während so die Söhne des heiligen Dominikus, dank guter Organisation, eine verantwortungsvolle Aufgabe nach der anderen tüchtig übernahmen, boten zu gleicher Zeit die Söhne des heiligen Franz der Welt das beschämende Bild anarchistischer Verwirrung. Das Traurigste an dem Streit in Assisi war, dass er einem Wort Jesu Christi galt. Lukas, 9. Kapitel, 3. Vers: In illo tempore sprach Jesus zu seinen Jüngern: »Nichts führet bei euch, weder Stab noch Tasche, weder Brot noch Geld.«

Wie ist das zu verstehen? Als wörtliche Anweisung, wortwörtlich gar? Oder nur symbolisch, im

Sinne einer inneren, geistigen Einstellung, so wie der Herr selber es anzudeuten scheint, wenn er nicht »Selig die Armen« sagt, sondern — Matthäus, 5. Kapitel, 3. Vers: »Selig die Armen im Geiste«?

Der eigensinnige Bruder Gregor von Neapel, der hitzköpfige Bruder Matthäus von Narni, besonders der vorlaute Bruder Johann von der Kapelle — jeder unter den ersten Brüdern in Assisi wusste es besser als der andere, jeder hielt sich selber für den einzig wahren Armen. Den heiligen Franz selber fragen konnte man nicht, er war abgesegelt nach Ägypten, um dort den Sultan zu bekehren.

Als der Höllenstreit um die Armut in Assisi nicht einmal mehr am Nil zu überhören war, kehrte Franz überstürzt zurück, sah nun wohl ein, dass er etwas falsch gemacht hatte, und versuchte, dem heiligen Dominikus nacheifernd, seine Gemeinschaft endlich ernsthaft zu organisieren. Zu spät. Der Wurm war drin im Franziskanerorden, die beiden Regeln von 1219 und 1223 stifteten nur neue Verwirrung, und als der heilige Franziskus im Jahr 1226 starb, zerbrach seine Bruderschaft in zwei einander gnadenlos bekämpfende Fraktionen.

Auf der einen Seite die Realos, die nur arm sein wollten im Geiste, nicht in der Materie. Das war die »Fortschrittspartei« um Bruder Elias. Auf der anderen Seite die Fundis um Bruder Cäsarius von Speyer mit der beachtenswerten These, entweder sei ein Mönch arm in der Materie, oder er sei reich. Nicht zu vergessen der heilige Antonius von Padua, der zwischen den beiden streitenden Lagern zu vermitteln suchte und deshalb von beiden die schlimmsten Prügel bekam. Die einzigen, die gar nichts taten, sondern einfach kopfschüttelnd zusahen, waren die Dominikaner oder, wie sie nun immer häufiger genannt wurden, die Ehrwürdigen Väter von der Heiligen Inquisition.

Zuerst schienen die Realos um Bruder Elias zu siegen. Kein Wunder, hatten sie doch für sich die fürchtenswerte Macht des Geldes. Aus dem prallen Säckel von Bruder Elias ist zum Beispiel die wunderschöne Basilika von Assisi bezahlt worden. Dann aber, unter Bruder Johann von Parma, triumphierten die Fundis. Kein Wunder, hatten sie doch für sich die einzige Waffe, die noch fürchtenswerter ist als das Geld, nämlich die moralische Empörung. Und je länger der Streit ins Land ging, von Jahrzehnt zu Jahrzehnt, desto mehr vergaßen beide Fraktionen, worum es eigentlich ging.

Ursprünglich hatte man sich noch um relativ sachliche Fragen gestritten, zum Beispiel ob Arbeiten der wahre Ausdruck der Armut sei oder Betteln, ob der Franziskanerorden Weinberge besitzen, ob er Vermächtnisse annehmen dürfe. Als aber das 14. Jahrhundert begann, wandte sich der Streit einem ungleich modischeren Thema zu: Spieglein, Spieglein an der Wand, wer ist der Ärmste im ganzen Land?

Woran kann man *sehen,* welcher unter den Brüdern der ärmste ist? Der heilige Franz hatte für seinen neuen Orden gar keine Mönchskutte gewollt. Ihm genügte das Alltagskleid der armen

Leute in der Toskana, ein brauner Rock. Seinen Jüngern aber gelang es, diese Nicht-Kutte wiederum zur Kutte zu stilisieren, indem sie sie, nach Art der Benediktiner, bis zu den Knöcheln hinab verlängerten und mit einer spitzen, ehrfurchtgebietenden Kapuze versahen.

Jetzt plötzlich stellten die Fundis diese mühselig errungene Kleiderordnung im Franziskanerorden wieder in Frage. Die Armut eines Mönchs, behaupteten sie, sei daran zu erkennen, dass er seinen Rock kürzer trage als andere Mönche.

Midi statt Maxi. Diese neue religiöse Mode war gefährlich. Genügte es nämlich, seine Kutte beliebig zu kürzen, um andere Mönche an Armut zu übertrumpfen, so war nicht einzusehen, warum der Trend an den Waden, ja an den Knien haltmachen sollte. Eine kleine, radikale Minderheit von Franziskanern, Fratizellen genannt, erkühnte sich zum Mini. Auf kirchenlateinisch gesagt: Die Mönchskutte wurde modisch gekürzt »usque ad nates — bis zu den Arschbacken«.

Bisher hatten die Dominikaner nur kopfschüttelnd zugesehen. Jetzt mussten sie, so leid es ihnen tat, eingreifen. Als erste Warnung für alle anderen Wirrköpfe im Orden des heiligen Franz verbrannten die Dominikaner 114 Mini-Franziskanerchen auf den Scheiterhaufen der Heiligen Inquisition.

Laut regt sich jetzt im Franziskanerorden die schweigende Mehrheit. War es nicht eine unerträgliche Schande, dass die Dominikaner bei den Franziskanern Ordnung machen mussten? »Ordnung machen, das können wir selber!« 1316, auf dem Generalkapitel in Neapel, wählte die schweigende Mehrheit der Franziskaner einen starken Mann als Ordensgeneral: Michael von Cesena.

Bruder Michael machte Ordnung nach dem ältesten Rezept der Welt: Nach innen handelte er reaktionär, nach aussen redete er progressiv. Während er also mit eiserner Faust im ganzen Franziskanerorden die Maxi-Mode wiederherstellte, ja eigenhändig in Marseille die letzten vier Mini-Franziskaner den Dominikanern auf den Scheiterhaufen lieferte, spielte Michael von Cesena nach aussen den begeisterten Fundi.

Anlass dazu bot ihm der »theoretische Armutsstreit«, der in der Provence zwischen Franziskanern und Dominikanern ausgebrochen war. Ein radikaler Franziskaner, Berengarius von Perpignan, hatte dort die Gläubigen aufgewiegelt mit der irren Behauptung, Jesus und die Apostel hätten »kein Portemonnaie gehabt« (»non habuisse loculos«). Der Inquisitor von Narbonne, der Dominikaner Johannes von Belna, stellte ganz nüchtern und sachlich richtig, dass der Heiland sehr wohl ein Portemonnaie gehabt habe. Statt sich zu fügen, machte der Franziskaner daraus einen Grundsatzstreit: Dass Jesus Christus und die Apostel weder Geld noch Gut besassen, sei »dogma sanum et catholicum — gesundes katholisches Dogma«.

Dieser vermessene kleine Provinz-Franziskaner war noch gar nicht verbrannt, da liess sich der Ordensgeneral hinreissen zu einem Schritt von selbstmörderischer Verblendung. 1322, auf dem

Generalkapitel der Franziskaner in Perugia, liess er das neue dogma sanum et catholicum einstimmig und feierlich vom ganzen Orden beschliessen.

Jetzt war der Papst herausgefordert. Selbst in der Schwäche seines Exils zu Avignon konnte Johannes XXII. nicht zulassen, dass der Franziskanerorden an seiner Stelle Dogmen proklamierte.

Zuerst bestellt sich der Papst bei einem der berühmtesten Theologen des Dominikanerordens, bei Magister Herveus, ein theologisches Gutachten, in dem zweifelsfrei bewiesen wurde, dass Jesus Christus nicht nur ein Portemonnaie besass, sondern sogar in Immobiliengeschäften tätig war.

Heisst es nicht zum Beispiel bei Markus im 2. Kapitel, 1. Vers, dass Jesus, obwohl er selber in Nazareth wohnte, in Kapharnaum »in seinem Haus« aufgetaucht sei? Hausbesitzer Jesus. Plötzlich verstehen wir, warum der Heiland soviel unterwegs war. Wie jeder verantwortungsvolle Immobilienbesitzer musste Jesus Christus überall selbst nach dem Rechten sehen.

Gestützt auf diese gesicherte Erkenntnis, fällte Johannes XXII. am 12. November 1323 in dem Sendschreiben »Cum inter nonnullos« die unfehlbare Entscheidung: »Anathema sit — Wer hartnäckig behauptet, Jesus Christus und die Apostel hätten weder Geld noch Gut besessen, der sei im Banne, und er sei verflucht.«

Zu dieser unfehlbaren Entscheidung ist der persönliche Auftritt Michaels von Cesena vor Papst Johannes XXII. nur ein beschämendes Nachspiel.

Fünf Jahre lang hatte der verstockte Franziskanergeneral sich geweigert, seinen Irrtum einzusehen. Auch am 9. April 1328, zu Füssen des päpstlichen Throns, zeigte er keine Reue. Im Gegenteil, er schrie dem Heiligen Vater ins Gesicht, von einem Papst, der 25 Millionen Golddukaten in die eigene Tasche gewirtschaftet habe, sei in Sachen Armut keine gerechte Entscheidung zu erwarten. Laut päpstlichem Protokoll verlor in diesem Augenblick leider auch der Heilige Vater selbst die Nerven: »Heu te temerarium, insanum, haereticum!« schrie er den Franziskaner an. »Du unverschämter Spinner und Ketzer«, »eheu te serpentem in sinu Ecclesiae nutritum — du Schlange am Busen der Kirche!«

Liebe Christinnen und Christen! Brauche ich lange zu erzählen, wie dieser unselige Franziskaner auf der abschüssigen Bahn der Ketzerei in immer tiefere Schande fiel? Wie er feige aus Avignon floh, noch bevor die Ehrwürdigen Väter Dominikaner ihn an seinem Maxirock packen und ihn verbrennen konnten? Wie er nach Rom floh und dort einen gütigen, alten, weltfremden Ordensbruder, Petrus von Corbario, frevelhaft dazu überredete, sich zum Gegenpapst ausrufen zu lassen? Wie er später vor dem gerechten Zorn des wahren Papstes zum Kaiser floh? Wie er, der verblendete Armutsapostel, sich ganz zum Schluss in München noch, ob ihr's glaubt oder nicht, verstrickt hat in schmierige, schmutzige Geldgeschäfte?

Nein, wir wollen den ketzerischen Franziskaner nicht verurteilen. Aber wir wollen ihn vergessen.

Allezeit ins Gedächtnis geschrieben sei uns dage-
gen das dogma sanum et catholicum, das die
Ehrwürdigen Väter Dominikaner von der Heiligen
Inquisition für uns erdacht haben und das Papst
Johannes XXII. aus Avignon unfehlbar verkündet
hat: Besitz und Eigentum sind etwas Köstliches,
und Geld im Portemonnaie zu haben ist ein Segen
Gottes.

Der Computer Unserer Lieben Frau
Worin wir meditieren lernen

Im heissen Wüstensand Ägyptens sass ums Jahr 300 der heilige Paul von Theben und ärgerte sich sehr. Den ganzen Tag hatte er unter einer Palme gesessen und gebetet. Jetzt aber, als die Nacht hereinbrach, wusste er nicht mehr, wieviel er gebetet hatte.

In aller Herrgottsfrühe hatte Paul sich vorgenommen, den Buss-Psalm Miserere dreihundertmal zu beten. Dann aber, als die Sonne glühend im Zenith stand über Ägypten, irgendwo zwischen dem hundertsten und dem zweihundertsten Mal, hatten sich im müden Kopf des heiligen Paul die Zahlen hoffnungslos verwirrt. Hatte er nicht genug gebetet oder im Gegenteil zuviel?

Der heilige Paul von Theben wird auch der Ureinsiedler genannt. Wir wissen, dass er 113 Jahre alt geworden ist. Er war aber noch nicht einmal siebzig, so berichtet der griechische Historiker Sozomenos, da hatte er die grosse, leuchtende Idee. Statt im ersten Morgengrauen schon mit Beten anzufangen, machte Paul zuerst einmal einen Spaziergang zum nahen Wadi. Dort las er Kieselsteinchen zusammen, genau dreihundert an der Zahl. Dann erst setzte er sich unter seine Palme, begann seine Buss-Psalmen zu beten und, so schreibt Sozomenos wörtlich, »καθ' εκαστην ευχην ψηφιδα εκριπτει« — »am Ende jedes Gebets nahm er ein Kieselsteinchen aus dem Sack und warf es weg in die Wüste«.

Als die Abendsonne rot verglühte über der Wüste Ägyptens, war Ordnung gekommen in die Welt des Ureinsiedlers Paul. Genau dreihundertmal hatte er den Buss-Psalm Miserere gebetet. Kein einziges Mal weniger, kein einziges mehr.

Das ist die Gebetsmethode des heiligen Paul von Theben. Sie wirkt ein bisschen mühselig. Doch hat sie sich, wie so manches Mühselige, im Christentum erstaunlich lang gehalten. 700 Jahre müssen wir warten, bis wieder Bewegung kommt in diese beschauliche Angelegenheit.

Vielleicht ist es im Libanon gewesen, vielleicht in den Bergen Armeniens, jedenfalls an einer jener Strassen, wo die alte Religion, das Christentum, und die neue Religion, der Islam, einander begegnen. Da sitzt ums Jahr 1000 ein alter christlicher Pilgersmann und wirft nach der bewährten Methode des heiligen Paul von Zeit zu Zeit ein Kieselsteinchen in die Wüste. Kommt des Weges ein junger Pilgersmann, einer von der neuen Religion, ein Mohammedaner. Und es ist nicht irgendeiner, sondern ein besonders moderner, besonders fortschrittlicher Pilgersmann. Ein Sufi-Mystiker kommt des Wegs, bleibt vor dem alten Christen stehen und schüttelt fragend den Kopf: »Was machst du da, Bruder im Herrn?« — »Das siehst du doch«, antwortet mürrisch der alte Christ und wirft wieder ein Kieselsteinchen in die Wüste, »ich bete.«

Wieder schüttelt der junge, flotte Sufi-Mystiker nur den Kopf: »Aber aber, Bruder im Herrn, so betet man doch heutzutage nicht mehr.« — »Wie betet man denn heutzutage?« fragt misstrauisch der alte Christ. »Heutzutage«, sagt der junge Sufi-Mystiker und greift triumphierend in seine Tasche, »heutzutage nimmt man zum Beten dies!« In den Händen eines Mohammedaners sieht ums Jahr 1000 zum ersten Mal ein Christ den Rosenkranz.

Noch gibt es den Ausdruck »Rosenkranz« nicht. Viel bezeichnender ist das erste Wort, das den Christen für die neue Schnur mit Knoten oder Perlen zum Zählen von Gebeten in den Sinn kommt. »Computum« sagt man im Abendland zuerst. »Computare« heisst auf lateinisch »berechnen«. »Computum« heisst »Rechengerät«. Nicht zufällig ist es das gleiche Wort, das heute wieder aus dem Englischen zu uns kommt. Der Rosenkranz ist der Computer des Mittelalters.

Dies ist ja die Zeit, in der die Christen rechnen lernen. Und alles, was sie lernen, lernen sie von den Arabern. Zum Beispiel jene Zahlen, die wir aus gutem Grund noch heute die »arabischen« nennen. Vor allen Dingen die Null und mit ihr das Dezimalsystem. Mit Dutzenden von anderen Techniken des Zählens und des Messens kommt zu uns aus dem Islam der Rosenkranz.

Die Sufi-Mystiker brauchten ein Computum mit 99 Knoten oder Perlen, um beim Beten keinen der 99 »schönen Namen« Allahs zu vergessen. Aber erfunden haben sie den Rosenkranz nicht. Lange vor ihnen, etwa zu Beginn unserer Zeitrechnung, haben in Indien die Anhänger Shivas eine solche Gebetsschnur verwendet und sie, wie heute die Jünger Oshos, »mâlâ« genannt. »Mâlâ« heisst auf deutsch »Kranz«.

Es wird vermutet, dass dieser Kranz ursprünglich etwas weniger Harmloses gewesen ist als unser heutiger Rosenkranz. Shiva ist ja der Gott der Vernichtung. Zu seinen Attributen gehört eine Kette gebleichter Menschenschädel, die er, auf eine Schnur gereiht, um den Hals trägt. Ähnlich wie der katholische Priester am Altar das blutige Kreuzesopfer Jesu Christi unblutig wiederholt, mit Wein statt Blut, so haben wohl die ältesten indischen Rosenkranzbeter die blutigen Schädelopfer zu Ehren Shivas im Rosenkranzgebet unblutig wiederholt.

Aus diesen grausigen Anfängen im Shiva-Kult dringt der Rosenkranz langsam in den ungleich menschlicheren Kult Vishnus und von dort in den Buddhismus vom Grossen Rad. »O du Kleinod im Schosse der Lotusblume.« 108 Perlen und 108mal: »Om mani padme hum!«

Wie so vieles Heilige, so hat wohl auch die heilige Zahl von 108 Perlen im buddhistischen Rosenkranz einen profanen Grund. Wenn ich von einem deutschen Obsthändler zwanzig Pflaumen will und er selber nicht sicher ist, ob er richtig gezählt hat, dann zählt er kein zweites Mal, sondern nimmt noch drei dazu und sagt: »Zwanzig und ein paar zerquetschte.« Ähnlich die Rosenkranzanbeter der buddhistischen Frühzeit. Hundertmal wollten sie ihr »Om mani padme hum«

gebetet haben. Da sie aber nie ganz sicher waren, ob ihnen nicht die eine oder andere Perle unbeachtet durch die Finger geglitten war, so beteten sie zur Sicherheit 108 — »hundert und ein paar zerquetschte«.

Samt der heiligen Zahl 108 überquert der buddhistische Rosenkranz den Himalaya und erobert zuerst Tibet, dann China. Noch ahnt kein Christ etwas vom Rosenkranz, da ist es unter frommen Japanern bereits üblich, wie heute bei uns in katholischen Familien, dem verstorbenen Angehörigen den Rosenkranz mit ins Grab zu geben.

So ist das Christentum unter den Hochreligionen die letzte, die den Rosenkranz übernehmen wird. Dass er trotzdem bei uns seine höchste Blüte erlebt, sowohl in der Technik wie in der Mystik des Gebetes, liegt an einem aberwitzigen Zufall. Wenn eine Frau schwanger geht, weiss man nie, was dabei herauskommt. Manchmal sind es sogar Zwillinge. Wenn eine Religion schwanger geht, ist es das gleiche. Zu Beginn des 13. Jahrhunderts bekam die Katholische Kirche plötzlich Zwillinge. Aus der gleichen religiösen Bewegung heraus, der »Armutsbewegung«, wurden zu gleicher Zeit zwei gleiche Orden gegründet: die Franziskaner und die Dominikaner. Auf der Stelle gerieten die beiden Orden, nach Art von Zwillingen, in erbitterte Konkurrenz.

Dabei hatten die Franziskaner eine unverschämte Vorgabe. Wie der Name sagt, hatten sie den heiligen Franz. So populär war der Heilige aus Assisi, dass man ihn, auf lateinisch, »alter Christus« nannte — »Christus unserer Zeit«.

Wer ist dagegen der heilige Dominikus? Tja. Das weiss noch heute niemand so recht. Sehr im Unterschied zu Franziskus war der Stifter des Dominikanerordens zu Lebzeiten jedem Personenkult abhold. Das ehrt ihn, doch das wurde jetzt, nach seinem Tod, für seinen Orden in der täglichen Konkurrenz mit den Franziskanern zum unerträglichen Handicap.

Und dann die grosse, rettende Idee: Der heilige Franz hat gewiss erstaunliche Wunder gewirkt. Aber der heilige Dominikus hat etwas noch viel Staunenswerteres getan. Wusstet ihr es nicht? Der heilige Dominikus hat den Rosenkranz erfunden. Jaja.

Das ist die Legende, die noch heute in abertausend Kirchen über dem Rosenkranzaltar zu sehen ist. In seiner schwarzweissen Kutte hebt der heilige Dominikus flehend die Hand zum Himmel; durch die Wolken senkt die Gottesmutter huldvoll ihre Hand herab und schenkt ihm den Rosenkranz.

»Gott«, sagt Paul Claudel, »schreibt auch auf krummen Zeilen gerade.« Der fromme Schwindel, mit dem sich die Dominikaner gegen die Popularität des heiligen Franz zu helfen suchten, erwies sich als eine Fügung der Vorsehung.

Im Christentum war der Rosenkranz bis dahin eine Gebetsmethode für Analphabeten gewesen. Nur so ist zum Beispiel zu erklären, dass der christliche Rosenkranz sich gliedert in dreimal fünfzig Ave Maria. In den Klosterkirchen sangen nämlich die gebildeten Mönche den Psalter Davids mit dreimal fünfzig Psalmen. Die ungebildeten

»Laienbrüder« — und mit ihnen das genauso analphabetische Volk — sangen derweil das computum, um wenigstens diese heilige Zahl 150 abzubeten: 150 Vaterunser zuerst, später 150 Ave Maria.

Vieles deutet auch darauf hin, dass es bei uns so war wie heute noch in Indien, wo es Rosenkränze für alle abergläubischen Bedürfnisse des Alltags gibt: Rosenkränze zur Schlangenbeschwörung, Rosenkränze zum Schlankwerden, Rosenkränze gegen Impotenz.

Jetzt aber, mit dem Dominikanerorden, übernimmt im Christentum eine hochkirchliche Institution dieses etwas allzu volksfromme Zählwerk. Die Dominikaner sind der intellektuelle Orden des Mittelalters. In den rheinischen Klöstern dieses Ordens, von Konstanz über Kolmar bis Köln, wird aus dem schlichten computum die grosse, klassische Mantra-Meditation des Westens. Das ist der »Rosenkranz Unserer Lieben Frau«.

Wie in den Mantra-Meditationen des Ostens geht es auch in diesem westlichen Gebet zuerst darum, zur inneren Ruhe zu finden. Der Mensch ist aber kein Engel, sondern ein körperliches Wesen, verwandt mit Katz und Hund. Deshalb findet der Mensch am leichtesten zu sich selbst, wenn er den schweifenden Geist zurückholt in den Körper. Es kennzeichnet die gesunde Körperlichkeit, dass sie dem Gesetz der Wiederholung folgt. Wir atmen in unablässiger Wiederholung, und unser Herz schlägt unablässig gleich. In der rhythmischen Wiederholung des Mantra kehrt der Rosenkranzbeter zurück in das Gesetz seines Körpers. Zugleich erlebt er das Gesetz der Gestirne, der Musik, der Erotik und der Poesie: »Wenn im Unendlichen dasselbe sich wiederholend ewig fliesst. . .«, so umschreibt Goethe seine höchste religiöse Erfahrung.

Aber der Rosenkranz Unserer Lieben Frau ist ein westliches Gebet. Während seine Vorbilder, die Rosenkränze des Ostens, sich im Erlebnis der Wiederholung vollenden, verbindet dieser Rosenkranz, der westlichen Mentalität entsprechend, die Mystik der Wiederholung mit einem konträren Element des rasch fortschreitenden Wandels.

Es genügt, einen buddhistischen Rosenkranz neben einen dominikanischen zu legen. Auf den ersten Blick fällt auf, dass die Gebetsschnur des Westens, anders als die östliche, in sich gegliedert ist. Jeweils auf zehn kleine Perlen folgt, durch die Verknotung deutlich abgesetzt, eine grosse Perle. Entsprechend wird, jeweils nach zehn Ave Maria, die rhythmische Wiederholung unterbrochen durch ein Vaterunser. »A set of beads« nennt man im Englischen einen solchen Abschnitt. Im Deutschen hat sich das gleiche Wort erhalten: Zehn Ave Maria und ein Vaterunser sind ein »Gesätz«.

Jedem der fünfzehn Gesätze haben die Dominikaner, in zügigem, theatralischem Wechsel, ein eigenes Meditationsbild zugeordnet, ein sogenanntes Geheimnis. Es handelt sich um die fünfzehn stärksten Bilder aus den grossen Mysterienspielen des Mittelalters, zum Beispiel die Verkündung in Nazareth, die Kreuzigung oder die

Auferstehung. Während also der westliche Beter sich — einerseits — dem Erlebnis der Wiederholung überlässt, genauso wie der Buddhist oder der Hindu, schreitet — andererseits — seine religiöse Phantasie mit den fünfzehn Meditationsbildern im raschen Wechsei voran.

Aber ich habe vergessen zu berichten, woher unser Wort »Rosenkranz« kommt. Es stammt aus der deutschen Erotik des 15. Jahrhunderts. Damals war es unter Verliebten üblich, sich Kränze von Rosen zu schenken. Das hat im Konstanzer Dominikanerkloster den Mystiker Heinrich Suso auf den Gedanken gebracht, Maria einen Kranz aus 150 Rosen zu winden. Aus 150 Ave Maria.

Es ist das Paradox der Liebe, das die beiden konträren Elemente des westlichen Rosenkranzes — Wiederholung und Wechsel — mystisch ineinanderfallen lässt. Lacordaire, ein bedeutender französischer Dominikaner des 19. Jahrhunderts, hat das so formuliert: »L'amour n'a qu'un mot, et en le disant toujours, il ne se répète jamais.«

Die Liebe sagt immerzu das gleiche. Und doch wiederholt sie sich nie.

Wie die heilige Paula den Zölibat erfand
Worin wir den heiligen Hieronymus
näher kennenlernen

Ungeheuer war, anno 385, die Aufregung in Rom. Auf den Strassen tobten die Heiden, in den Kirchen tobten die Christen. Ganz Rom schien zu toben gegen einen einzigen Mann. Ich spreche seinen Namen mit Ehrfurcht aus: Eusebius Sophronius Hieronymus.

Der heilige Hieronymus gilt heute als der grösste Gelehrte der späten Antike. Als »Kirchenvater« und als »Kirchenlehrer« verehren wir ihn. Als einer der grössten Heiligen des Altertums wird er auf allen Altären der katholischen Welt gefeiert. Warum dann trat im August 385 eigens ein römisches Konzil zusammen, um einen so grossen Heiligen mit Schimpf und Schande aus der Heiligen Stadt zu verbannen?

Das liegt daran, dass der heilige Hieronymus, mitten in Rom, eine Sache vertreten hat, die wenig Freunde hat. Wenig Freunde unter den Heiden, wenig Freunde, ach, auch unter den Christen. Der heilige Hieronymus war ein leidenschaftlicher Prediger der Keuschheit. In die Kirchengeschichte ist er eingegangen als Apostel des Zölibats.

Freilich wissen wir aus der feministischen Theologie, dass überall dort, wo ein Mann als Heiliger verehrt wird, das wirkliche Verdienst einer heiligen

Frau zukommt, die zu Unrecht in seinem Schatten stand. Betrachten wir die römischen Kampfjahre des heiligen Hieronymus unter diesem feministischen Gesichtspunkt, so fällt etwas Verblüffendes auf: Im Schatten dieses grossen Zölibatsapostels hat nicht etwa nur *eine* Frau gestanden, sondern eine ganze *Frauenbewegung*.

Die heilige Marcella und die heilige Lea, die heilige Albina und die heilige Principia, die heilige Blaesilla und die heilige Asella, die heilige Praetextata und die heilige Fabiola, die heilige Titiana und die heilige Furia — nicht irgendwelche Betschwestern waren das um den heiligen Hieronymus, sondern die reichsten, die mächtigsten, die gebildetsten Frauen von Rom. Doch keine war so reich, so mächtig, so gebildet wie die Frau, die im gemeinsamen Kampf für den Zölibat zu seiner Lebensgefährtin werden sollte. Das ist die heilige Paula.

Aus dem Geschlecht der Scipionen und der Gracchen stammte Paula. In dieser unerhört tapferen und intelligenten Frau, so urteilt Montalembert, hat sich der Geist der römischen Republiken ein letztes Mal verkörpert. Was konnte eine Frau von solchem Format, von solchem Reichtum bewegen, einen Keuschheitsprediger zu betreuen, einen Zölibatsapostel zu finanzieren?

Wer eine Antwort auf diese Frage sucht, der fahre nach Pompeji und schaue sich dort mit eigenen Augen in der späten Antike um: Sex von oben, Sex von unten, Sex von vorne, Sex von hinten, an allen Wänden nichts als Sex. Kitschiger Sex, ordinärer

Sex — was auffällt, ist der schlechte Geschmack, ist die billige Aufdringlichkeit all dieser Fresken und Graffiti. Der berühmte »Phallus auf der Waage« zum Beispiel ist bestenfalls eine Illustration zur These des Erasmus von Rotterdam, dass der Penis das »dümmste aller Glieder« des Menschen sei.

Nicht an den Orgien eines Nero, nicht an den Ausschweifungen eines Caligula ist Rom zugrunde gegangen. Viel unerträglicher war jener banale sexuelle Alltag der späten Antike, wie er in Pompeji anschaulich erhalten ist: dieser geistlose Konformismus allgemeiner Sexgläubigkeit, diese grinsende Allgegenwart des Ordinären, diese spiessige Normalität des Obszönen, für die britische Historiker den Begriff »lascivious rectitude« geprägt haben. Das heisst auf deutsch »Geilheits-Konformismus«.

Die meisten Frauen mussten sich das gefallen lassen. Aber nicht alle. Nicht die Frauen, die finanziell unabhängig waren. Das waren die unverheirateten Frauen mit Geld, vor allem die steinreichen Witwen aus dem römischen Patriziat. Wie zum Beispiel Marcella und Paula.

Masslos war die Erbitterung dieser Frauen aus den grossen alten republikanischen Familien. Der Niedergang Roms in der politischen Diktatur und im Konformismus der Sexgläubigkeit, in ihren Augen war es ein und dasselbe. Rom war verkommen zur »cloaca maxima«. Und es gab keine Rückkehr zur alten römischen Familienordnung. Es gab nur den grossen Sprung nach vorn. Ins Christentum. In die Keuschheit.

Simone de Beauvoir hat einmal gesagt, für die moderne Frauenbewegung gebe es in der Vergangenheit kein anderes Vorbild als die reichen Frauen. Nur reiche Frauen nämlich konnten sich, früher schon, die Selbstbestimmung *leisten*.

Im Palast der heiligen Marcella auf dem Aventin, im römischen Stadt-Salon der heiligen Paula, beginnt die Emanzipationsbewegung des 4. Jahrhunderts, die Frauenbewegung für Keuschheit und Zölibat.

Was die reichen Witwen vormachten, das machten bald die reichen Töchter nach. Bei den Christen waren sie, wenn sie das Gelübde der Jungfräulichkeit ablegten, hochgeachtet. Gleichzeitig behielten sie, weil keinem Manne untertan, die Verfügung über ihr Geld.

Die kleine Schar der Männer, die mit diesen Frauen gemeinsame Sache machten, war von anderem Schlag. In heutige Begriffe übertragen war der heilige Hieronymus der führende Kopf unter den römischen Linksintellektuellen.

Was ist ein Linksintellektueller? Das ist ein Mann, der mit allen andern Streit hat, weil er gegen das Böse kämpft, an dem die andern schuld sind. Bös ist zum Beispiel die Umweltverschmutzung. Im 4. Jahrhundert gab es leider noch keine Umweltverschmutzung. Was ein rechter Linksintellektueller war, der kämpfte, ersatzweise, gegen die moralische Umweltverschmutzung und machte, wie der heilige Hieronymus, als Keuschheitsapostel intellektuelle Karriere.

Es war ein kleiner Unterschied zwischen der

heiligen Paula und dem heiligen Hieronymus, wenn sie ihn in ihrem eleganten römischen Salon empfing: *Sie*, die hochgebildete, reiche Erbin Scipios, *er*, der intellektuelle Emporkömmling aus der dalmatinischen Provinz, von so obskurer Herkunft, dass die Angaben über seine Geburt um fünfzehn Jahre auseinanderklaffen. *Sie* war die römische domina, die hohe Lady, die ihm ihr Ohr gnädig neigte, die ihn förderte, ihn zum grossen Keuschheitsapostel aufbaute. Und der es doch im Jahr 385 nicht gelang, ihn vor den empörten Machos zu schützen und seine Abschiebung aus Rom zu verhindern.

Was jetzt beginnt, ist eines der klassischen Motive der abendländischen Malerei: Hieronymus ganz allein im Exil zu Bethlehem. Hieronymus der Einsiedler, versunken ins Studium und ins Gebet. »Hieronymus im Gehäuse«. So haben sich das die Maler später vorgestellt. So hatte sich das wohl auch der heilige Hieronymus selber vorgestellt, als er aus Rom nach Bethlehem floh. Doch er hatte, nicht ganz zufällig, seine zölibatäre Rechnung ohne die Frauen gemacht.

Während sich nämlich der heilige Hieronymus in seinem Gehäuse in Bethlehem gemütlich einrichtete, froh, den ganzen Tag Zeit und Ruhe zu haben fürs Schreiben, herrschte daheim in Rom, im Salon der heiligen Paula, die grösste Unruhe: War es nicht verantwortungslos gewesen, den heiligen Hieronymus allein abreisen zu lassen? Würde er zurechtkommen, ein hilfloser Intellektueller wie er, einsam im Exil?

Alsbald stach ein Schiff in See. An Bord Hunderte von Jungfrauen und Witwen aus den vornehmsten Kreisen. Die gesamte römische Frauenbewegung war aufgebrochen. Auf der Kommandobrücke, samt ihren Töchtern Eustochia und Blaesilla, die heilige Paula. Auf zum heiligen Hieronymus!

Hieronymus hatte sich in Bethlehem niedergelassen, um die gesamte Heilige Schrift aus dem Hebräischen und dem Griechischen ins Latein zu übersetzen. Diese Übersetzung, die »Vulgata«, hat er auch vollendet. Moderne Exegeten freilich lassen an der Bibel des heiligen Hieronymus kein gutes Haar. Die Übersetzung sei voll von Schludrigkeiten, von Auslassungen und von krassen Fehlern.

Wen wundert das! Während Hieronymus die Bibel übersetzte, herrschte, rings um sein Gehäuse, nicht himmlische Ruhe, sondern höllischer Baulärm. Nach kurzem Augenschein in Bethlehem war die heilige Paula nämlich zum Schluss gekommen, dass der grosse Zölibatsapostel zu unselbständig sei, um allein im Exil zu leben. Dass er der Betreuung bedurfte. Und sie begann zu bauen.

Nach ihrem Prinzip »Geld spielt keine Rolle« stampfte die heilige Paula drei grosse Frauenklöster aus dem Sand, die das winzige Gehäuse des heiligen Hieronymus von allen Seiten machtvoll umwallten. Sogar so etwas wie ein antikes Telephon, oder besser: eine antike Faxverbindung installierte die heilige Paula, nämlich einen stündlichen Kurierdienst zwischen ihrer eigenen Zelle und dem Gehäuse des heiligen Hieronymus.

Stündlich von der heiligen Paula inspiriert, stündlich von ihr gemanagt, schrieb der heilige Hieronymus fortan einen Traktat »De Virginitate« (»Über die Keuschheit«) nach dem anderen. Finanziert von der heiligen Paula, überfluteten seine Streitschriften für den Zölibat aus Bethlehem das Römische Reich.

Es ist jetzt wichtig zu wissen, dass es im Altertum einen blühenden Bildungstourismus gab. Zur Bildung eines jungen Römers gehörte eine Reise nach Ägypten. Vor allem für höhere Töchter aus gutem Hause war Ägypten ein kulturelles Must.

Plötzlich war eine Bildungsreise nach Ägypten nicht mehr denkbar ohne einen frommen Abstecher nach Bethlehem. Hieronymus selber beschreibt das ungeheure Gewimmel suchender junger Menschen, die bald danach aus dem ganzen Imperium in Bethlehem zusammenströmten. Als wäre es das Taizé der Antike.

Genau wie heute in Taizé um Bruder Roger, genauso andächtig sassen die jungen Christinnen und Christen in Bethlehem dem heiligen Hieronymus zu Füssen. Und wenn abends die Lagerfeuer aufloderten, stiegen aus unzähligen Kehlen die Lieder der neuen Jugendbewegung zum Himmel. Es müssen, nach italienischen Forschungen, mehrere tausend gewesen sein, die wie Schlager ums Mittelmeer gingen, begeistert von Mund zu Mund: Lieder vom Zölibat und von der Jungfräulichkeit — Lieder von Jesus, dem ersten keuschen Mann: »Jesu, corona virginum. . .«.

Ob solchen Klängen verging den spätantiken Machos, daheim in Rom, Hören und Sehen. Mit ein paar linken Intellektuellen waren sie leicht fertig geworden, mit einer Frauenbewegung zur Not auch. Mit einer Jugendbewegung aus Bethlehem aber hatte keiner gerechnet. Eine Jugendbewegung für Keuschheit und Zölibat, das war zuviel. Zuerst kippte die öffentliche Meinung in Alexandrien. Dann kippte sie in Rom selbst. Am 30. September 419, als der heilige Hieronymus in seinem Gehäuse zu Bethlehem steinalt starb, hatte die cloaca maxima am Tiber sich geläutert zum Jungbrunnen des Zölibats.

Der Triumph des heiligen Hieronymus, der Triumph der christlichen Keuschheit gilt als eine der erstaunlichsten Umwälzungen der europäischen Kulturgeschichte. Und doch könne man sich in diesem Falle alle komplizierten Erklärungen sparen, meint Havelock Ellis, der grosse englische Sexualforscher.

Der heilige Hieronymus hat gesiegt, weil er die stärkere Sache vertrat. So geistlos, meint Ellis, sei die Sexgläubigkeit der späten Antike gewesen, so abgestanden der ordinäre Konformismus der Schamlosigkeit, dass das Keuschheits-Experiment der heiligen Paula und des heiligen Hieronymus die Jugend anziehen musste mit dem unerhörten Reiz des Revolutionären. Nur deshalb, schreibt Ellis wörtlich, hat die Keuschheit aus Bethlehem Europa erobern können, weil ihr der Zauber eines neuen Erlebnisses eignete, einer herrlichen Freiheit und eines ungeahnten Abenteuers:

»If, indeed, it had not possessed the charm of a new sensation, of a delicious freedom, of an unknown adventure, it would never have conquered the European world.«

Wie der heilige Alois
ein neuer Mann wurde
Worin wir lernen, alte Männer ins Grab zu bringen

Der heilige Alois, so glauben manche, sei deshalb der Patron männlicher Keuschheit, weil er schon im zarten Alter von drei Jahren das Gelübde abgelegt habe, nie im Leben eine andere Frau anzuschauen als seine eigene Mutter.

Dies ist ein Irrtum. Der heilige Alois, so steht es in den »Acta Sanctorum«, war vielmehr so keusch, dass er, schon als Säugling, nicht einmal seine eigene Mutter eines Blickes würdigte. Sein Beichtvater, Pater Hieronymus Piatti, bezeugt darüber hinaus, dass er »a muliebribus colloquiis et aspectu semper abhorruisse, ita ut ipsius matris suae solitarium congressum refugeret«. Das heisst auf deutsch: »Vor dem Umgang mit Frauen und vor dem Anblick von Frauen hatte klein Alois eine solche Abscheu, dass er es nicht einmal ertrug, mit der eigenen Mutter im selben Zimmer allein zu sein.« Geschah es trotzdem, dass andere ihn in den Armen seiner Mutter allein lassen wollten, dann, so berichtet Pater Hieronymus, lief der heilige Säugling Alois »pro verecundia — vor lauter Scham« krebsrot an und rief mit gellenden Schreien um Hilfe.

Der »iuvenis angelicus«, der »engelreiche Knabe« Alois von Gonzaga, ist am 9. März 1568 geboren. Auf Schloss Castiglione in der Lombardei kam er zur Welt als erster Sohn und somit als Erbprinz des Markgrafen Ferdinand von Gonzaga, eines Reichsfürsten und engen Vertrauten König Philipps II. von Spanien.

Das war ein rauher Mann, ein Kriegsherr von Natur, dem Würfelspiele zugetan und leider auch dem Trunke. Und kein Rock am Hof zu Castiglione, der sicher war vor seinem lüsternen Blick. Wie alle Männer seines Schlags wollte Markgraf Ferdinand natürlich, dass sein Stammhalter ihm nachschlage. Dass er ein richtiges Mannsbild werde. So ein richtiger Macho und Phallokrat wie er.

Als dann aber klein Alois jedesmal, wenn ihn die Amme zur Brust nahm, die frommen Äuglein schamvoll schloss, als die ersten Worte aus seinem engelreinen Mündchen nicht »Mamma!« und »Papa!« waren, sondern »Maria!« und »Jesus!«, als schon der Dreijährige sich scheu hinter den schweren Vorhängen des Palastes versteckte, um dort ungestört den Rosenkranz zu beten, als der Siebenjährige gar anfing, täglich alle sieben Busspsalmen zu beten und sich dazu mit einer selbstgebastelten Geissel zu kasteien, da kam seinem Vater Ferdinand, dem alten Sünder, die beängstigende Erkenntnis, dass sich sein Erbprinz nicht zu seinem Ebenbild entwickle, sondern, wie soll ich sagen, zum »ersten neuen Mann«.

In einem fürchterlichen Wutausbruch warf Ferdinand seiner Frau, der Markgräfin Martha, vor, sie, mit ihrer krankhaften Frömmelei, habe den armen unschuldigen Alois auf die Abwege der

Keuschheit gebracht. Der Knabe brauche, um ein rechter Mann zu werden, dringend Milieuveränderung. Und er nahm ihn ins Feldlager mit.

Drei Jahre lang hat der kleine Alois unter dem rauhen Kriegsvolk gelebt. Einmal hat er sogar aus Versehen eine Kanone abgefeuert. Diesen unfreiwilligen Schuss nannte er später stets »meine Todsünde«, und er hat sie mit bitteren Tränen bereut. Aber sonst änderte sich nichts. Wo immer er einer Frau begegnete, sei es einer Marketenderin, sei es seiner edlen Mutter, klein Alois senkte seine Augen so schamvoll zu Boden, dass er gar nicht in Versuchung fallen konnte, weil er gar nichts sah.

Was tun? Ferdinand, seinem verzweifelten Vater, kam wieder nichts anderes in den Sinn als die Milieuveränderung. Und er schickte seinen keuschen Prinzen an den weltoffenen Hof nach Florenz. Damit er dort die beiden wunderhübschen Prinzessinnen Eleonora und Maria kennenlernte. Damit er dort das Fechten lerne und. . . das Tanzen.

Der kleine Prinz Alois hat in Florenz wohl das Fechten gelernt. Aber das Tanzen nicht. Immer wenn die beiden Prinzessinnen Eleonora und Maria in der Tanzstunde neugierig kichernd auf ihn warteten, kniete Alois in der Kirche »Mariä Verkündung«. Ganze zehn Jahre war er alt, als er dort das Gelübde ewiger Keuschheit ablegte.

In diesem Augenblick geschah das Wunder. In herrlichem Strahlengewande erschien Maria und gelobte vor dem staunenden Volke, sie persönlich werde den frommen Knaben Alois zeit seines Lebens vor jeder Versuchung des Fleisches makellos bewahren.

Als Vater Ferdinand, der alte Macho, dies erfuhr, hatte er einen neuen furchtbaren Wutausbruch. Stracks befahl er seinem Sohn, Florenz zu verlassen und sich, zur erneuten Milieuveränderung, als Page an den spanischen Königshof zu begeben, nach Madrid.

Das war das Dümmste, was Ferdinand tun konnte. Am Hofe Philipps II. war nämlich gerade eine neue Welle der Frömmigkeit ausgebrochen. Durch alle Treppen und Flure des Palastes wieselte in schwarzen Röcken eine ganz neue Sorte Gottesmänner. Patres, von denen alle flüsterten, dass sie das Gelübde der Keuschheit ungleich strenger hielten als die alten Mönchsorden. Das waren, vom heiligen Ignatius begründet, die Väter von der »Gesellschaft Jesu«, die Jesuiten.

Es war das Fest Mariä Himmelfahrt, fünfzehn Jahre alt war Alois, als er zu Madrid, in einem schwarzen Büsser-Wämschen, gesenkten Auges hintrat vor Markgraf Ferdinand: »Mein Herr Vater, es ist der Wille meines himmlischen Vaters, dass ich, um der Seligen Jungfrau Maria immerdar zu dienen, eintrete in den Orden des heiligen Ignatius.«

Vor Wut soll Markgraf Ferdinand noch am selben Abend beim Würfeln ein Vermögen verspielt haben. Vor Wut bekam er einen Gichtanfall, der ihn für den Rest seiner Tage an den Tragstuhl fesselte. Vor Wut überschüttete der alte Macho

Ferdinand seinen missratenen Sprössling mit obszönen Beschimpfungen. Überliefert sind allerdings nur überlieferbare Ausdrücke wie »du degenerierter Kerl!«, »du Weiberfeind!«, »du spinnender Wicht!«.

Was half dem Alten seine Wut? Wie unflätig er auch vor seinem engelreinen Söhnchen tobte, stets bekam er, als Antwort, nur ein demütiges Lächeln, und stets den gleichen Satz: »Mein gnädiger Herr und Vater, ich werde Euch in allem gehorchen, soweit es meinem Vater im Himmel nicht missfällt.«

Zwei Jahre tobte der ungleiche Kampf zwischen dem sündigen Vater und dem keuschen Sohn. Zwei Jahre, in denen Vater Ferdinand vor Ärger fast seine ganze Markgrafschaft verspielte, während Sohn Alois vor lauter Fasten und Beten von Tag zu Tag schwindsüchtiger wurde. Bis eines Tages der Hofmeister, blass vor Schreck, zu Markgraf Ferdinand gelaufen kam. Der liess sich sofort zum Zimmer seines Knaben tragen. Durch die halboffene Tür wurde ihm ein schrecklicher Anblick zuteil.

Mit entblösstem Rücken kniete jung Alois mitten in der Kammer. Schwer schlug die Peitsche nieder auf seinen schmalen, ausgemergelten Rükken. In Strömen floss das Blut. Offenkundig war der junge Heilige im Begriff, sich zu Tode zu geisseln. Und über seine schmerzverzerrten Lippen drang klagend die Melodie des Busspsalms Miserere, den er seit dem 7. Lebensjahr täglich für seinen Vater betete:

»Ecce enim in iniquitatibus conceptus sum
Et in peccatis concepit me mater mea.«

»Siehe in Sünden hat mich mein Vater gezeugt,
Siehe in Sünden hat mich meine Mutter
empfangen.«

In diesem Augenblick überwältigte den alten Sünder Ferdinand das heulende Elend. Unter Tränen gelobte er, seinen keuschen Sohn freizugeben für den Dienst der Gottesmutter Maria, als neuer Mann im Orden des heiligen Ignatius, selber aber demütig Busse zu tun für sein schändlich verpfuschtes Altmänner-Leben.

Kaum drei Monate war Alois Novize bei den Jesuiten in Rom, als sein Vater starb. Bei dieser Nachricht, berichteten seine Mitbrüder übereinstimmend, habe sich der Heilige höchst sonderbar verhalten. Er zeigte nämlich nicht die geringste Trauer. Im Gegenteil. Er lächelte selig. Er lächelte triumphierend. »Warum«, sagte er, »soll ich mich über etwas betrüben, was der göttlichen Majestät gefällt?«

Im römischen Noviziat des Jesuitenordens herrschte inzwischen Ratlosigkeit. Ein Orden ist ja dazu da, um junge Menschen, die noch nicht heilig sind, langsam der Heiligkeit zuzuführen. Was aber tun mit einem Jüngling, der schon beim Eintritt, als Novize, vollkommen rein und heilig ist?

Auf diese Frage gab der heilige Alois dem Novizenmeister selbst die richtige Antwort: »Ehrwürdiger Vater«, sagte er in vollkommener Demut,

»bitte tadeln Sie, bitte strafen Sie mich für Sünden, die ich nicht begangen habe.«

Aber war er denn wirklich ein »engelgleicher Jüngling«? Oder machte er das seinen Ordensbrüdern nur vor? Um dies zu ergründen, wurde ihm als Zimmergenosse im Noviziat Frater Vincenzo Cigala beigegeben. Frater Vincenzo war ausdrücklich beauftragt, den Heiligen nicht aus den Augen zu lassen, »um«, so heisst es wörtlich, »den Punkt zu entdecken, wo er der Menschlichkeit unterläge«.

Zwei Jahre lang hat Bruder Vincenzo Bruder Alois Tag und Nacht auf diesen Punkt hin beobachtet. Vergeblich. Da war nichts. Nicht die kleinste Sünde. Da war nicht einmal so etwas wie Versuchung. Nichts war da als engelgleiche, unbefleckte Reinheit.

Ein ganzer Schwarm von römischen Beichtvätern ist über das Gewissen des heiligen Jünglings hergefallen. Alle haben sie, so ist in den »Acta Sanctorum« bezeugt, nichts anderes herausgekriegt als dies: »tota vita sua nullum umquam, non modo in corpore sensum, sed nec in animo quidem suggestionem aut repraesentationem sensit.« Das heisst auf deutsch: »Nie im Leben hat er etwas verspürt, weder im Körper eine sexuelle Regung, noch in der Seele eine sexuelle Phantasie.«

Und dennoch büsste der heilige Alois. Täglich geisselte er sich für die Laster der anderen und vergoss dabei Ströme von Tränen. Und während seine sündigen Mitbrüder bei Tisch herzhaft zulangten, weigerte sich der Heilige, mehr Nahrung zu sich zu nehmen als morgens und abends je eine Unze. Das sind je 32 Gramm.

Als er dieses Benehmen eine Weile beobachtet hatte, kamen seinem Novizenmeister ernsthafte Bedenken. Im Grunde die gleichen Bedenken, die schon der leibliche Vater gehabt hatte. Wie, wenn der ganze Keuschheitsbetrieb um den heiligen Alois gar keine Heiligkeit war, sondern engelreine Spinnerei?

Der Novizenmeister liess Frater Alois zu sich kommen und befahl ihm beim heiligen Gelübde des Gehorsams, seine sämtlichen Bussübungen einzustellen, sich wie ein normaler Mensch zu benehmen, vor allem bei Tisch normal zu essen. Ja, er befahl ihm, morgens, wenn die anderen beteten, auf seinem Zimmer zu bleiben und aus-zuschlafen.

Was jetzt geschah, versetzte ganz Rom in Erstaunen. Der heilige Alois gehorchte nämlich auf der Stelle. Wie ein Engel, so gehorsam war er. Doch zugleich überkam ihn eine derartige Trübsal, dass er schwer fieberkrank wurde. Alle fürchteten um sein Leben. So niedergeschlagen war der heilige Alois. Weil er nicht büssen durfte, nicht leiden.

Erst als ihm sein Novizenmeister wieder gestat-tete, zu fasten, zu wachen und sich zu geisseln, ging es mit dem heiligen Alois ein bisschen aufwärts. Aber nicht lange. Immer häufiger schüt-telte ihn das Wechselfieber. Er bekam die Schwindsucht. 23 Jahre alt war Sankt Alois, als seine engelreine Seele am 21. Juni 1591 ausfuhr aus ihrer ausgezehrten irdischen Hülle. Es war, so bezeugt sein letzter Beichtvater, der heilige Robert Bellarmin, eine regelrechte Himmelfahrt: »Ohne das Fegfeuer auch nur zu berühren«, geleitet von einem jubilierenden Engelchor, sei Aloisens engelreine Seele emporgestiegen zur Engelskönigin.

Wüst war derweil auf Erden der Sturm auf seine Reliquien. Der Kopf des heiligen Alois kehrte im Triumph heim in seine Vaterstadt Castiglione — der Rumpf blieb bei den Jesuiten in Rom. Begehrter noch als die Späne von seinem Bett und die Fetzen von seiner Soutane war etwas anderes. Als nämlich die Brüder von der Gesellschaft Jesu die federleichte Leiche wuschen, sahen sie mit Staunen die fingerdicken Schwielen, die dem heiligen Jüngling, vom vielen Knien und Beten, an den Knien gewachsen waren. Flugs wurden diese Schwielen in hauchdünnen Scheibchen, ähnlich wie Morcheln, abgehobelt. Als wundertätige »Aloysius-Schwielen« gingen sie in die ganze Welt.

Da fing es mit den Wundern der Keuschheit erst richtig an. Von Madrid bis nach Manila, von Wien bis Paderborn wurden unzählige Jünglinge, denen man das gar nicht zugetraut hätte, mit einem Mal keusch wie die Engel. Und wenn man genauer hinsah, dann hing da stets, in einer der unzähligen neuen Kirchen des Jesuitenordens, eins von unzähligen neuen »Ex-voto«-Täfelchen: »Sankt Alois hat geholfen.«

Ein einziges Bollwerk des gesunden Altmännerverstands widerstand dem blühenden Kult. Das war der Vatikan. 135 Jahre lang versuchte die römische Kurie jeden verzögernden Trick. 135 Jahre lang hat sich ein Papst nach dem anderen händeringend davor gedrückt, den »iuvenis angelicus« heiligzusprechen. 135 Jahre lang haben, drüben in der Heiligen Inquisition, die Dominikaner nichts als Witze gerissen über den heiligen Jesuiten.

Half alles nichts. Immer höher schlugen die Wellen der Keuschheit im gläubigen Volk. Vor lauter Angst, die Kontrolle über den neuen Kult ganz zu verlieren, gab Papst Benedikt XIII — einer der schwächsten Päpste — 1726 seufzend nach und erhob den heiligen Alois zur Ehre der Altäre.

Wer von uns alten Knaben erinnert sich nicht an die »Sechs Aloysianischen Sonntage« — jene sechs Sonntage, an denen wir, vor dem Aloysius-Altar kniend, für alle unsere Jugendsünden einen vollkommenen Ablass gewinnen konnten — jedes Jahr neu und zur Sicherheit gleich sechsmal hintereinander?

Wer von uns alten Sündern hat nicht, in wilder Jugendzeit, voller Reue an den nächtlichen »Aloysius-Andachten« teilgenommen? Erinnert ihr euch? Endlose Litaneien waren das:

»Du hellglänzendes Beispiel der Tugend,
bitte für uns!
Du Wunder der Unschuld, bitte für uns!
Du Engel im Fleische, heiliger Alois,
bitte für uns!«

Und selbst für jene unter uns, verehrte LeserIn, die hoffnungslos den Sünden des Fleisches verfallen scheinen, gerade für sie ist heute noch Zuflucht, ist heute noch Trost beim heiligen Alois. Richtig schön sind die Sünden des Fleisches ja nur, wenn man sie nachher auch richtig schön bereut. Diesem Zwecke dient der berühmte »Fürbittruf des gefallenen Jünglings zum heiligen Alois«. Aus dem wunderschönen Andachtsbüchlein des Jesuitenpaters Virgil Cepari, gedruckt in Regensburg 1891, möge er aus reinem Herzen ein letztes Mal erklingen:

»Holder Jüngling! Durch die Tugend
Schönstes Musterbild der Jugend,
Heiliger Aloysius!
Der du nun in süsser Wonne
Freuest dich vor Gottes Throne,
Ach, verschmäh nicht meinen Gruss.

Bitt für mich um keusche Liebe,
Welche heiligt alle Triebe,
Dass ich auch so keusch wie du,
Stets bewahre meine Sinne,
Nie das Böse Kraft gewinne,
Wandle rein dem Himmel zu.

Lass mich Seelenruhe finden,
Hilf mir siegreich überwinden
Meines Herzens Lüsternheit.
Du genossest Gottes Frieden
Durch die Keuschheit schon hienieden;
Hilf auch mir zur Seligkeit!«

Noch reitet der heilige Bernhard

Worin wir lernen,
uns unserer Komik nicht zu schämen

So gross ist die Glorie des heiligen Bernhard, dass die meisten Christen ihn auch als Gründer des Zisterzienserordens verehren. Aber das ist ein frommer Irrtum.

Gegründet hat den Zisterzienserorden nicht der heilige Bernhard, sondern der heilige Robert. Das war ein ganz bescheidener und somit ganz unbekannter Heiliger. Und doch kennt man die Zisterzienser, ja man kennt den heiligen Bernhard nicht, wenn man nicht ein bisschen etwas über den heiligen Robert weiss.

Als der heilige Robert geboren wurde, staunte die ganze Familie. Trug doch der Neugeborene einen Verlobungsring, der ihm offenkundig bereits im Mutterleib auf den Finger gesteckt worden war. Auf dem goldenen Ring aber stand, in strahlenden Lettern, der Name seiner himmlischen Braut: »MARIA«.

Der Knabe Robert wuchs heran, an seinem Finger wuchs der Ring, in seinem Herzen wuchs die Liebe zu Maria ins Unermessliche. Sobald als möglich, das heisst im Jahre 1098, gründete er ein Kloster, das sich in bisher ungeahntem Masse der Keuschheit und somit der Marien-Mystik weihen sollte. Das war zu Citeaux in Burgund.

Cîteaux heisst auf deutsch Zisterz und war zu jener Zeit eine so wüste Einöde, dass es da nicht einmal Mystiker aushalten mochten. Von der schnöden Welt vergessen, blieb das winzige Häuflein Zisterzienser um Sankt Robert in der Wildnis allein.

Kaum war der heilige Robert ahnungslos und unbekannt ins Grab gesunken, da klopfte es an die Pforte seines einsamen Marienklösterleins so ungeduldig, dass der Bruder Pförtner entsetzt zusammenschrak. Draussen stand ein gewalttätig und herrisch anmutender, auf jeden Fall sehr energischer Jüngling von 22 Jahren. Das war der heilige Bernhard von Clairvaux.

Von Stund an war es aus mit der einsamen Beschaulichkeit im Kloster des heiligen Robert. Denn der heilige Bernhard kam nicht allein. Hinter ihm standen dreissig andere ungeduldige junge Männer — Freunde, Brüder, die der heilige Bernhard alle im Handumdrehen dazu überredet hatte, mit ihm zusammen ins Kloster zu gehen.

Bald danach drängten sich die ungeduldigen Jünglinge zu Hunderten vor der Klosterpforte von Cîteaux. So ungeheuer war die Anziehungskraft, die ausging von dem 22jährigen Heiligen.

Um die alte Ruhe in ihrem Klösterlein wiederherzustellen, schickten die Mönche von Cîteaux den dynamischen jungen Heiligen auf eine lange Reise.

Quer durchs christliche Abendland, so lautete der bewusst vag gehaltene Auftrag, solle er neue Klöster gründen.

Es wurde ein einziger Triumphzug. Wo der heilige Zisterzienser ankam, liefen die Jünglinge ihren Müttern zu Tausenden, die Ehemänner ihren Ehefrauen zu Abertausenden davon. Nichts als keusch sein, nichts als ins Zisterzienserkloster wollten die Männer alle mit einem Mal. In der Einöde von Clairvaux in der Champagne gründete Bernhard ein eigentliches Superkloster, in dem er, selber erst 24 Jahre alt, 700 kahlgeschorenen Teenagern als Abt vorstand. Weshalb denn manche weltlichen Gemüter heute nicht zögern, ihn als den ersten Skinhead der abendländischen Geschichte zu verehren.

Wichtiger scheint mir die Frage, warum ein so energischer junger Mann wie der heilige Bernhard unbedingt in einen so weltfremden, beschaulichen Orden eintreten wollte, wie ihn der heilige Robert gegründet hatte. Die Antwort liegt nahe. Der heilige Bernhard hatte mit dem heiligen Robert etwas gemeinsam: Auch er war ein glühender Marienverehrer. Kaum war der 24jährige in Clairvaux Abt geworden, so überstürzten sich in der riesigen Teenager-Abtei die Wunder der Jungfräulichkeit. Am berühmtesten, weil in der Kunst tausendfach dargestellt, ist die »lactatio Sancti Bernardi«, das »Stillungswunder des heiligen Bernhard«.

Eines Abends sang der heilige Twen vor seinen versammelten Teenagern den alten Choral »Monstra te esse matrem — Erweise dich, Maria, als Mutter«. Auf der Stelle erschien die Gottesmutter. Siebenhundert kahlgeschorene Jünglinge sahen mit eigenen Augen, wie sie das Jesuskind beiseite legte und statt dessen dem heiligen Bernhard die Brust reichte. Es habe, sagte er nach der Ekstase, wie Honig geschmeckt.

Es lebte aber zu jener Zeit in der Lasterstadt Paris ein einziger Gerechter. Ein Verehrer des heiligen Robert, ein Gesinnungsfreund des heiligen Bernhard. Einer, der auch von morgens bis abends nichts anderes im Sinn hatte als Keuschheit und Marienverehrung. Das war der Erzpriester Fulbert.

Wir müssen uns den Erzpriester Fulbert ähnlich vorstellen wie den heiligen Robert, nämlich als einen durch und durch harmlosen Menschen. Dennoch gab es einen Unterschied: Während der heilige Robert die Keuschheit an sich selber übte, übte sie der Erzpriester Fulbert an seiner Nichte.

Das war die keusche Heloise. Sie lebte im Hause des Erzpriesters Fulbert, und er wachte über ihre Jungfräulichkeit wie über seinen Augapfel. Die wenigen, die sie überhaupt zu Gesicht bekommen hatten, waren sich im Urteil einig: Die keusche Heloise war die schönste Frau von Paris.

In dem kolossalen Verteidigungssystem, das der Erzpriester um die Keuschheit seiner Nichte herum aufgebaut hatte, war jedoch eine schwache Stelle. Der Erzpriester war eitel. So behauptete er zum Beispiel, seine Nichte sei nicht nur die schönste und die keuscheste, sondern auch die intelligenteste von allen Frauen. Ob es denn keinen Weg gebe, einer so begabten Jungfrau die höhere Bildung zu vermitteln, ohne sie den

Gefahren der Welt auszusetzen — diese Frage stellte der Erzpriester eines Tages Professor Petrus Abälard von der Universität Paris.

Professor Abälard war ein typischer Intellektueller, stark an Geist, doch an Charakter schwach. »Aber sicher«, gab er zur Antwort, er sei gern bereit, der Nichte des Erzpriesters Privatunterricht zu erteilen. Privatunterricht in höherer Logik.

Professor Abälard war nicht irgendein Stubengelehrter. Er galt als der gescheiteste Mann des Jahrhunderts — er war es auch. Zutiefst geschmeichelt, dass eine solche Koryphäe seiner Nichte Privatunterricht erteilen wollte, öffnete ihm der ahnungslose Erzpriester Tür und Tor.

Was dann geschah, hat Abälard selber mit den Worten umschrieben: »Plura erant oscula quam verba — es wurde mehr geküsst als unterrichtet.« Da Abälard, als echter Intellektueller, seinen Mund nicht halten konnte, wusste ganz Paris, was los war im Hause des Keuschheitswächters Fulbert. Ganz Paris lachte. Als letztem gingen dem Erzpriester selber die Augen auf.

»Und er sah — o Wüsteney —
Dass das Weibsbild schwanger sey.«

Mitternacht, die Geisterstunde. Durch das nächtliche Paris schleicht eine vermummte Gestalt. Das ist der Erzpriester Fulbert. Auf dem Rükken trägt er eine Leiter, unterm Mantel ein altes rostiges Metzgermesser. Was führt der Erzpriester im Schilde?

Unbemerkt schleicht er von hinten an Professor Abälards Haus. Lautlos stellt er die Leiter an. Strümpflings steigt der Erzpriester in das Schlafzimmer des sündigen Professors ein. Dann saust das lange Metzgermesser nieder. Und es geschieht, was Abälard selber so formuliert: »Er schnitt mir jenes Glied ab, ohne das es keine Sünde gegeben hätte zwischen mir und Heloise.«

Als man dies im Land erfuhr, war von Trauer keine Spur. Im Gegenteil. In seiner Autobiographie »Historia calamitatium« schildet Abälard selbst, wie er sich einen Verband nach dem anderen auflegte und dabei versuchte, trotz der johlenden Menge unter seinem Fenster und trotz der rasenden Schmerzen einen vernünftigen Gedanken zu fassen.

Eins war klar: In Paris bleiben konnte er nicht. Fortan zur Keuschheit verdammt, musste er dahin, wo Keuschheit nichts Lächerliches war, sondern im Gegenteil, eine ganz hohe Qualität. War es nicht das Beste für ihn, zum heiligen Bernhard in die Abtei Clairvaux zu ziehen?

Aber für dieses Teenager-Kloster war Professor Abälard einfach zu alt. Auch grauste ihm ein bisschen, unter uns gesagt, vor der Marien-Mystik in Clairvaux. Lieber ein eigenes Kloster gründen. Mit der Begründung, ihm bleibe im Leben nichts anderes mehr als die Freuden des Geistes, gründete Petrus Abälard die »Abtei zum Heiligen Geist«. Um aber doch ein gutes Vorbild stets vor Augen zu haben, gründete er seine Abtei gar nicht so weit von der Abtei des heiligen Bernhard entfernt.

So sassen sie nun plötzlich nebeneinander in der Einöde: der grösste Heilige und der grösste Intellektuelle des 12. Jahrhunderts. Dass sie gleich miteinander Streit bekamen, lag am schlechten Charakter des Intellektuellen.

Die guten Vorsätze waren nämlich in der Abtei zum Heiligen Geist schnell vergessen. Das Kloster entwickelte sich zu einer Art Sommerschule der Universität Paris, zu der die fahrenden Schüler aus ganz Europa strömten, um sich die höchst ungewöhnlichen Ansichten anzuhören, die Abälard über die Allerheiligste Dreifaltigkeit zum besten gab. Und es sei nicht verschwiegen, dass die meisten Studenten ihre Freundinnen mitbrachten in die romantische Abtei aufs Land. Was die »Freuden des Geistes« betrifft, denen sich Abälard in seiner Abtei widmen wollte, so schrieb er nun mit Vorliebe Gedichte, von denen ein Chronist sagt, dass sie »den Schülern und den Damen« sehr gefallen hätten. Wichtigster Zeitvertreib im Kloster zum Heiligen Geist aber wurde es, Witze zu reissen über den ganz anders gearteten Betrieb im benachbarten Kloster des heiligen Bernhard.

Wie die Unkeuschheit, so unterliegt allerdings auch die Keuschheit einer gewissen eigengesetzlichen Dynamik. Nur mit Marienmystik waren die siebenhundert kahlgeschorenen Männer in der Abtei nebenan auf die Dauer nicht ganz beschäftigt. In Sankt Bernhards keuschem Superkloster kam der Gedanke an einen Kreuzzug auf.

Nun kann man einen Kreuzzug nicht einfach vom Zaun brechen. Man braucht dazu vielmehr eine Spezialerlaubnis vom Papst. Was lag näher, als erst einmal in der christlichen Nachbarschaft für etwas mehr Ordnung zu sorgen?

Zuerst erreichte es der heilige Bernhard, dass der Vatikan das unerträgliche Lästermaul Abälard zu einem lebenslangen Buss-Schweigen verurteilte. Als sich jedoch der Intellektuelle — wie zu erwarten — als unfähig erwies, sein dummes Maul zu halten, wurden ernstere Massnahmen notwendig.

So ritt denn der heilige Bernhard auf das Konzil von Sens, um Professor Abälard der Ketzerei anzuklagen. Diesmal verschlug es Abälard die Sprache. Er wagte es nicht, selbst nach Sens zu kommen, um sich gegen den lebensgefährlichen Vorwurf zu verteidigen. Aber die Kirchenversammlung war gar nicht so voreingenommen. Wollte man, fanden manche, jeden verbrennen, der Witze machte über die Keuschheit im allgemeinen und über den heiligen Bernhard im besonderen, so müsste man die halbe Christenheit verbrennen. Und so beschloss das Konzil, in einer Geste der Versöhnung, nicht Abälard selbst zu verbrennen, sondern nur seine Bücher.

Dieser faule Kompromiss brachte nun allerdings den heiligen Bernhard derart in Rage, dass er sein Schlachtross bestieg und mit gezogenem Schwert hinüberritt zur Abtei vom Heiligen Geist.

Jetzt beginnt eine abenteuerliche Verfolgungsjagd quer durch Frankreich und Burgund. Abälard flieht zu Fuss, weil er, seiner Verstümmelung wegen, nicht mehr reiten kann. Trotzdem holt ihn

Bernhard von Clairvaux auch im Galopp nicht ein. Denn der Heilige ist ein bisschen dümmer als der Spötter und reitet deshalb ständig in die falsche Richtung.

Die irre Verfolgungsjagd endete in der Abtei Cluny. Dort fand Abälard Zuflucht. Nicht weil der Herrscher von Cluny, Abt Petrus der Ehrwürdige, Abälard sympathisch gefunden hätte — niemand findet einen Intellektuellen sympathisch —, sondern weil Petrus der Ehrwürdige gerade selber Streit hatte mit dem heiligen Bernhard. Dabei ging es um etwas ungleich Wichtigeres als um das Leben eines Intellektuellen, nämlich um die Kirchensteuer. Nur um den heiligen Bernhard zu ärgern, nahm Petrus der Ehrwürdige den armen Abälard auf. Als Asylanten.

Zum Trost bekam der heilige Bernhard bald darauf vom Papst die langersehnte Spezialerlaubnis, in ganz Europa einen Kreuzzug zu predigen. Da er ihn zuerst in Frankreich predigte, dann in Deutschland, wird der heilige Bernhard heute, politically correct, als »Patron der deutsch-französischen Freundschaft«, ja sogar als »Patron der europäischen Einigung« hoch gefeiert.

Nun bedarf es stets eines erheblichen Masses an Tiefsinn und somit an Unsinn, um einen Menschen, der schon so lange tot ist wie der heilige Bernhard, als moralisches Exempel für eine ganz andere Zeit neu zu verstehen und zu feiern. Als Patron der deutsch-französischen Zusammenarbeit scheint mir der heilige Bernhard jedoch in ungewöhnlichem Masse missglückt. Von den über

100 000 Deutschen und Franzosen, die vereint seinem Aufruf zum Kreuzzug folgten, kamen nämlich kaum mehr als 5000 lebendig aus dem Heiligen Land zurück. Zu den Überlebenden zählte übrigens auch der heilige Bernhard selbst. Allerdings aus einem besonderen Grund: Der Heilige war klug genug gewesen, an dem Kreuzzug, den er angezettelt hatte, selbst nicht teilzunehmen.

Nein, wenn der heilige Bernhard eine aktuelle Bedeutung für unser Jahrhundert hat, dann als etwas ganz anderes. Bernhard von Clairvaux ist recht eigentlich der Patron der christlichen Humorlosigkeit.

Zugegeben, in den neuen Jahrhunderten hat sich manches verändert. Die Kirchen sind unvergleichbar offener und toleranter geworden für jene, die anders glauben, anders empfinden. Sogar die Marxisten werden nicht mehr verdammt, sondern aufgenommen ins evangelische Altersheim. Sogar die Homosexuellen werden nicht mehr verbrannt, sondern seelsorglich betreut. Nur einer einzigen Menschengruppe sind die Frommen heute noch genauso böse wie zur Zeit des heiligen Bernhard. Das sind die geistigen Söhne Abälards — jene, »die auf der Bank der Spötter sitzen«.

Im Gegenteil, die Empfindlichkeit der Frommen gegen Spott, Ironie und Satire ist heute eher grösser. Zur Zeit des heiligen Bernhard war nämlich Spott über die Kirche auch *in* der Kirche wenigstens zu gewissen Jahreszeiten erlaubt. Wie in Frankreich, so war es zum Beispiel auch in Köln zu Karneval üblich, einen Esel in den Dom zu führen, und zwar nicht hinten ins Schiff, sondern ganz vorn ins Allerheiligste. Als Zeichen seiner erzbischöflichen Würde wurde dort dem Esel die Mitra aufgesetzt, worauf ihm das christliche Volk mit den denkbar derbsten Spässen mitten in der Kirche die Reverenz erwies.

Versuche einmal einer heute im Kölner Dom einen solchen Spass zu Karneval. Gleich würde dem beleidigten Klerus die Polizei zu Hilfe eilen, um das entweihte Gotteshaus zu räumen. Und das Kölner Landgericht spräche Höchststrafen aus wegen »Religionsbeschimpfung« gemäss Paragraph 166 Strafgesetzbuch.

Dabei hat der Karneval heute gar nicht mehr die aufregende Bedeutung, die er im Mittelalter einmal gehabt hat. Für die ganz anders gearteten Lebensverhältnisse der Gegenwart wäre es vielmehr von ähnlicher Bedeutung, wenn, sagen wir, die ARD am Sonntag, zu populärster Fernsehzeit, eine satirische Sendung brächte mit Kardinal Meisner in der Rolle des Esels. Wäre nicht schon der Plan zu einer solchen Sendung der Fernseh-Skandal des Jahrzehnts?

Und wie ist es in anderen Religionen? Die schlimmsten Erfahrungen habe ich in Marrakesch gemacht, auf der berühmten Dachterrasse des »Hotel de France«. Das war an einem romantischen Winterabend. Glutrot stand im Westen über Marrakesch der Mond. Plötzlich kam mir ein Gedanke. »Warum«, fragte ich die Marokkaner, die schon seit Stunden mit mir am Tisch sassen und über Gott und die Welt schwatzten, »warum ist eigentlich der Mond das Symbol des Islam?«

Sekunden später rannte ich quer durch Marrakesch um mein Leben. Ich hatte nicht bedacht, dass das französische Wort »lune«, anders als das deutsche Wort »Mond«, einen ironischen Unterton hat. »Lunatique« heisst »verrückt«.

In Marrakesch bin ich mit dem Leben davongekommen. Ich wage nicht, mir auszumalen, wie es mir in Bagdad oder in Teheran ergangen wäre. Auch in Jerusalem habe ich mich stets gehütet, den berühmten jüdischen Humor zu testen. Wo man hinblickt, nach links und nach rechts, nach West und nach Ost, ist die Fähigkeit, fromm zu sein, identisch mit der Fähigkeit, beleidigt zu sein. Die Frage drängt sich auf, woher das kommt.

Der französische Philosoph Henri Bergson hat einmal die Auffassung vertreten, dass das gleichermassen am Wesen des Lachens liege und am Wesen der Religion. Worüber lachen wir? Wir haben als Kinder in der Schule gelacht über die fixen Ideen oder ganz bestimmte fixe Gesten eines Lehrers. Wir lachen über Beamte, die ihre Arbeit steif, stur und unnötig kompliziert erledigen. Wir lachen über einen Onkel, der sich durch gekünstelte Allüren zu etwas Besonderem hochstelzt. Mit einem Wort, wir lachen über alles Steife, Verklemmte, Gestelzte und Erstarrte.

Gesund ist das Leben nur da, wo es selbstverständlich, ungezwungen, unkompliziert, spontan und immer neu aus sich selber fliesst. Mit dem Lachen, so Henri Bergson, schützt sich das Leben vor seiner schlimmsten Erkrankung: vor der Erstarrung, vor Steifheit und Zwang. Eine so ausgezeichnete Medizin ist das Lachen, dass der selbstverständliche, zwanglose Fluss des Lebens sofort zu genesen beginnt, wenn wir einmal fähig sind, über eine Verklemmung zu lachen.

Das ist der präzise Grund, warum am meisten über jene Institutionen gelacht wird, die am meisten zur Erstarrung und zur Verklemmung neigen. Zum Beispiel gibt es unzählige Witze über das Militär. Aber was ist schon das Militär? Stärker noch neigt ein anderer Lebensbereich zur Erstarrung. Das ist die Religion. Von allen Institutionen wirkt keine so steif und verklemmt wie die Kirche. Deshalb hatten die grossen Lacher der europäischen Geistesgeschichte, von Abälard bis Voltaire, alle für Religion eine Vorliebe wie Wespen für Marmelade. Deshalb fällt sie heute so leicht der vulgären Häme der Medien zum Opfer. Aber auch den gesunden, normalen und gelösten Menschen reizt nichts so zum Lachen wie die Religion.

Aber nehmen wir einmal an, dass in Rom Eugen Drewermann Papst würde. Dass also eine religiöse Reform käme, die radikal Schluss machen würde mit all den Verkrampfungen und Verklemmungen, an denen die kirchliche Moral und der religiöse Betrieb so augenfällig leiden. Was dann? Ich vermute allen Ernstes, dass selbst dann die Welt nicht aufhören würde, über die Religion zu lachen. Denn sie ist wesenhaft komisch.

Der Fremde ist komisch, sagt Henri Bergson in seiner Theorie des Lachens. Der Fremde hat ja

Mühe, am zwanglosen Fluss des Lebens selbstverständlich teilzunehmen. Meist benimmt er sich unsicher oder linkisch, manchmal auch störend. Auf jeden Fall bricht sich der Fremde die Zunge. Zum Beispiel weiss ich aus Erfahrung, dass man es in Bremen ein bisschen komisch findet, wenn ich im Radio zu hören bin. Ich spreche mit dem Tonfall, mit dem Akzent des Fremden, ich denke somit auch auf etwas fremde Art und bin ganz unvermeidlich komisch.

Der religiöse Mensch ist aber wesenhaft ein Fremder. »Wir haben auf Erden keine bleibende Stätte«, sagt Paulus. Und Heinrich Böll hat einmal gesagt, dass nichts den religiösen Menschen so kennzeichnet wie das Gefühl, in dieser Welt nicht zu Hause zu sein. Deshalb wird die Welt über die Religion bis ans Ende der Zeit zu lachen haben. Weil Religion in ihrem innersten Kern weltfremd ist.

Tun die Frommen vielleicht deshalb alles, um die Spötter zum Schweigen zu bringen, weil sie selbst am peinlichsten spüren, wie tief dieser Spott trifft? In der christlichen Religionsgeschichte gibt es ein einziges klassisches Modell dafür, wie die Religion mit der ihr wesenseigenen Komik souverän umgehen könnte. Das ist nicht der heilige Bernhard, sondern der heilige Filippo Neri.

In einer ganz anderen Zeit, nämlich in dem verweltlichten Rom der Renaissance, war der heilige Philipp genau so inbrünstig fromm wie der heilige Bernhard in seiner mittelalterlichen Wildnis. Stärker noch als Bernhard von Clairvaux war

Filippo Neri deshalb Gegenstand des allgemeinen Gelächters seiner Zeitgenossen. Darüber war er aber, anders als Bernhard, überhaupt nicht beleidigt. Im Gegenteil, es machte ihm das grösste Vergnügen, über sich selber mitzulachen. Selbst unter Papst Pius V., in den schlimmsten Jahren der römischen Inquisition, hat der heilige Philipp sich nicht gescheut, durch Rom zu ziehen mit einem religiösen Strassenkabarett, in dem er sich über den Vatikan genauso lustig machte wie über sich selbst. Filippo Neri, der Narr Gottes, Abälard und Bernhard in einer Person, das ist das einzige mir bekannte Modell einer Frömmigkeit, die sich ihrer eigenen Komik souverän bewusst ist.

Eine solche Religiosität, vermute ich, wäre heute für die Welt eine viel grössere Herausforderung als alle jene Kreuzritterheere, an deren Spitze der heilige Bernhard unentwegt durch die Jahrhunderte galoppiert. Zur Zeit nämlich sind die Frommen noch immer so damit beschäftigt, über den Spott der Welt beleidigt zu sein, dass sie das Allerinteressanteste nicht merken. Es gibt etwas, was noch komischer ist als die Religion. Das ist die Welt. Bei dem Vorgang der Verfremdung ins Komische kommt es ja nur auf den gewählten Standpunkt an. Ist die Religion für die Welt komisch, weil sie weltfremd ist, so ist die Welt ihrerseits komisch, weil sie sich abgewandt hat von Gott.

Gott ist ja der strömende, natürliche, schöpferische Ursprung allen Lebens. »Gott ist jünger als alle«, hat Augustinus gesagt. Gott ist jung, die Welt ist alt. In einem viel abgründigeren Sinne als die Religion ist die Welt steif, starr, zwanghaft und verklemmt. Die Welt ist urkomisch, weil sie gottlos ist. Deshalb hat der Strassburger Satiriker Sebastian Brant die Welt mit einem »Narrenschiff« verglichen, das am Jüngsten Tag kieloben treiben wird.

Wenn es allerdings stimmt, dass sich das Ende aller Dinge dadurch ankündigt, dass die Komik der Welt stärker sichtbar wird als die Komik der Religion, dann sind wir vom Weltuntergang noch sehr weit entfernt. Noch übt sich die Religion in unfreiwilliger Komik, tiefbeleidigt über die schnöde Welt.

Noch reitet der heilige Bernhard.

Hans Conrad Zander präsentiert in diesem Buch voller
vergnüglicher Geschichten überraschende und pikante
Funde aus dem Archiv der Geschichte und serviert so
dem geneigten Leser das mysteriöse Wesen der katholischen Kirche und ihrer Heiligen in leicht verdaulichen
Häppchen! Das ideale Buch für alle, die der katholischen
Kirche zum Trotz gewogen sind.

ISBN 3-491-72375-2

 **PATMOS**